Diário dos Garotos Espertos

um guia de sobrevivência

ESCRITO POR MARTIN OLIVER

ILUSTRADO POR SIMON ECOB

NOTA AOS LEITORES

A editora e os autores eximem-se da responsabilidade por acidentes, machucados, danos ou perdas que possam acontecer aos leitores, como resultado das informações ou instruções contidas neste livro. Foram realizados todos os esforços para que os conselhos e as orientações contidas aqui sigam as regras de segurança e estejam de acordo com as leis.

Meninos supertalentosos usam sempre o bom-senso. Seja muito cuidadoso com tesouras, agulhas, equipamentos de cozinha e líquidos quentes. Peça permissão de um adulto antes de usar quaisquer ferramentas ou utensílios. Aja de acordo com a lei e as regras do seu país, da sua cidade e da sua casa! E, muito importante, tenha consideração com as outras pessoas.

Diário dos Garotos Espertos

um guia de sobrevivência

TRADUZIDO POR MARLA STERN

lua de papel

Título original: The Boys' Handbook: Essential skills a boy should have

Direção editorial: Pascoal Soto
Editor: Pedro Almeida
Assistente editorial: Marília Chaves
Tradução: Marla Stern
Preparação de texto: Camile Mendrot
Revisão: Flávia Yacubian
Adaptação de projeto gráfico e diagramação: Osmane Garcia Filho
Capa e ilustração de capa: Estúdio R2 Comunicação

Dados Internacionais de Catalogação na Publicação (CIP)
(Câmara Brasileira do Livro, SP, Brasil)

Oliver, Martin
Diários dos garotos : um guia de sobrevivência / escrito por Martin Oliver ; ilustrado por Simon Ecob ; editado por Jen Walnright ; produzido por Angie Allison ; traduzido por Marla Stern. — São Paulo : Lua de Papel, 2011.

Título original: The boy's handbook : essential habilities a boy should have

ISBN 978-85-63066-21-3

1. Diários - Literatura infantojuvenil I. Ecob, Simon. II. Walnright, Jen. III. Allison, Angie. IV. Título.

10-14190 CDD-028-5

Índice para catálogo sistemático:
1. Diários : Literatura infantojuvenil 028.5
2. Diários : Literatura juvenil 028.5

2011

[Uma editora do grupo Leya]
Av. Angélica, 2163 - conj. 175/178
01227-200 - Santa Cecília - São Paulo - SP
Blog da Lua: www.leya.com.br/luadepapel
Twitter: @luadepapel_BRA / @EditoraLeya

SUMÁRIO

PREPARE-SE... CONCENTRE-SE... E DETONE!

1. Você está pronto para se tornar um herói cheio de habilidades? Este livro vai lhe dar todas as dicas e lhe proporcionar mais confiança: tudo o que você precisa para encarar a vida e vencer.

2. Cada habilidade é ensinada em passos fáceis. Além disso, há figuras simples e muito legais que mostre como fazer se você tiver dificuldades.

3. No livro há seis seções para lhe ajudar a encontrar o tipo de talento que você precisa desenvolver – desde picar uma cebola na seção "Mestre-cuca", consertar um pneu furado em "Faça você mesmo" até salvar a vida de alguém em "Pronto para emergências". Comece a ler e você vai descobrir como é incrível ser independente!

FICA ESPERTO!

Procure por boxes como este nas páginas do livro. Cada um contém um ótimo conselho ou uma dica prática para lhe ajudar a aproveitar ao máximo suas novas super-habilidades.

SE LIGA!

Leia sempre estes boxes. Eles irão garantir que todas as suas novas habilidades serão realizadas seguramente. Neles você encontrará dicas para se manter fora de perigo.

IMPRESCINDÍVEL PARA O DIA A DIA

HABILIDADE 1

ATRAVESSAR A RUA

Aprender como atravessar uma rua de forma segura é uma habilidade vital. Estando em uma cidade movimentada ou em uma rua aparentemente calma, veja o que você deve fazer.

1. Encontre um lugar seguro para atravessar. Procure um semáforo ou uma faixa de pedestres. Nunca atravesse entre carros estacionados ou no topo de uma ladeira.

2. Espere. Não corra para atravessar a rua, mesmo que ela pareça deserta. Espere no meio-fio e dê aos motoristas a chance de ver você.

3. Olhe e ouça se há carros vindo pela via. Espere tempo suficiente e observe a rua nas duas direções.

4. Aguarde até que haja um intervalo grande o suficiente no tráfego para que você atravesse a rua inteira. Se você tiver de esperar entre os carros, vá até uma ilha ou canteiro central que seja grande o suficiente para você ficar em segurança.

5. Se a rua estiver vazia, atravesse-a em linha reta – não em diagonal. Continue olhando para os dois lados da rua enquanto a atravessa.

HABILIDADE 2

TER DENTES BRANCOS E BRILHANTES

Escove seus dentes duas vezes ao dia. Siga os simples passos abaixo para garantir que seus dentes fiquem limpos e seu hálito, fresco.

1. Coloque uma quantidade (do tamanho de uma ervilha) de pasta dental na escova de dente.

2. Ponha uma das suas músicas favoritas para tocar. Escove os dentes até que a música acabe para ter certeza de ter escovado o suficiente – você deve escovar seus dentes por dois minutos, no mínimo, duas vezes ao dia.

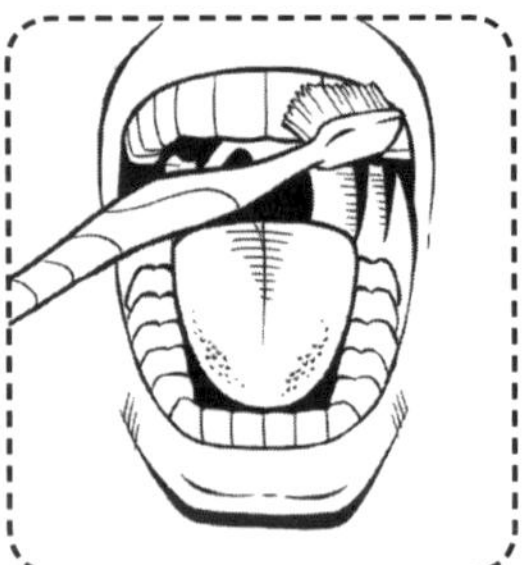

3. Pressione levemente a escova contra os dentes com as cerdas em um ângulo de 45º. Mova-a em pequenos círculos na parte externa de cada dente.

4. Repita os movimentos na parte interna dos dentes.

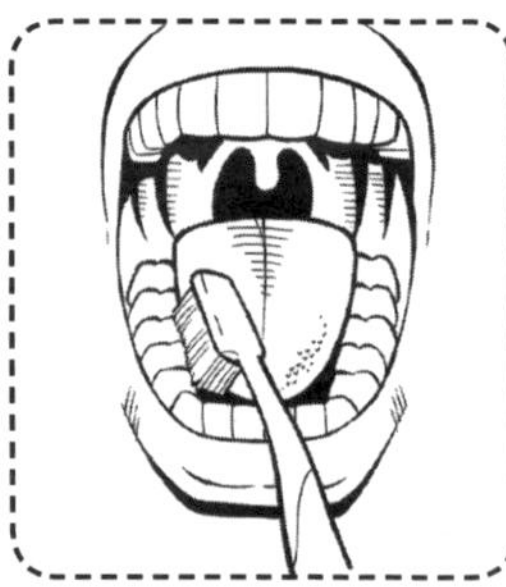

5. Para alcançar os dentes de trás, difíceis de escovar, feche um pouco sua boca – fazendo como um "o" ao redor da escova.

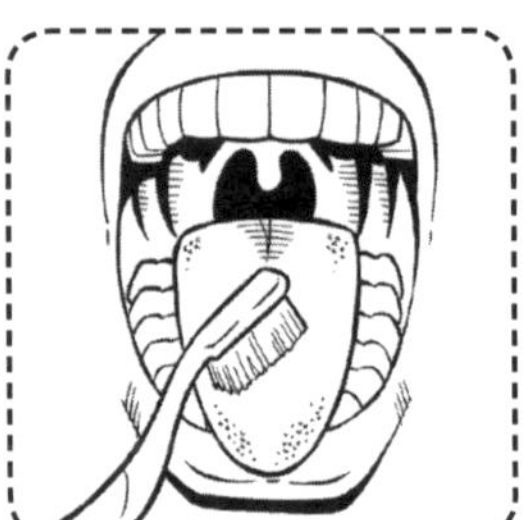

6. Escove a coroa dos dentes de trás (aquela parte de cima mais larga), tanto dos dentes de cima quanto dos dentes de baixo, com um movimento de vaivém.

7. Esfregue sua língua para se livrar das bactérias e manter seu hálito fresco.

HABILIDADE 3

SER UM HERÓI NA LAVAGEM DAS MÃOS

Você sabia que deveria demorar pelo menos 15 segundos para lavar suas mãos de forma correta? Antes de comer, após mexer no jardim ou ir ao banheiro, siga essa rotina "matadora de bactérias" para ter as mãos mais limpas da redondeza.

1. Molhe suas mãos com água. Coloque sabão líquido ou passe o sabonete nelas.

2. Esfregue suas mãos uma contra a outra em movimentos circulares.

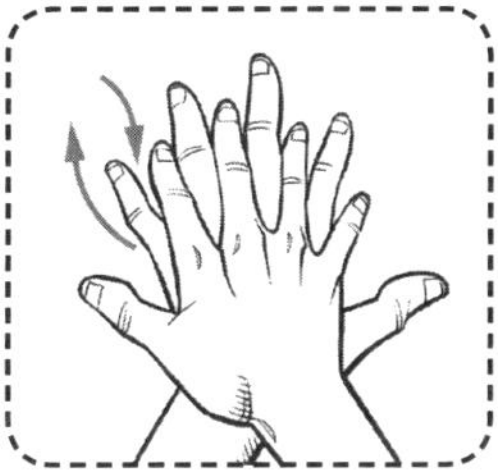

3. Esfregue a parte de trás de cada mão com a palma da outra mão, entrelaçando seus dedos enquanto faz isso.

4. Dê as mãos, prendendo-as pelos dedos. Depois, vire-os, mexendo as mãos lateralmente, para que as pontas dos dedos entrem em atrito com a palma das mãos.

5. Lave, com a sua mão direita, em torno do seu polegar esquerdo esfregando-o. Depois troque de mãos.

6. Enxágue suas mãos sob água corrente.

HABILIDADE 4

FICAR NO SOL SEM SE TORRAR

Quando o sol está brilhando, você quer ficar por aí, na piscina ou em um parque. Para se divertir no sol sem torrar, lembre-se dessas dicas simples.

1. Não fique sob o sol por muito tempo. O sol é mais forte das 11 às 15 horas, então, tente não ficar exposto ao sol nesses horários. Se não for possível, fique o quanto puder na sombra.

2. Use roupas de algodão leves; chapéus e óculos de sol também são bem-vindos. Tenha certeza de que as lentes de seus óculos bloqueiam bem os raios UV (ultravioleta) para lhe proteger dos perigosos raios do sol.

FICA ESPERTO!

Certifique-se de beber água o suficiente ao longo do dia – isso irá mantê-lo hidratado e evitará que você fique com insolação.

3. Cubra-se de filtro solar. Use filtro com fator de proteção solar (FPS) pelo menos 30 e passe...

★ ... em todos os locais do seu corpo que serão expostos ao sol – não se esqueça das orelhas e do peito do pé!

★ ... pelo menos 20 minutos antes de se expor ao sol.

★ ... pelo menos a cada duas horas, ou sempre que se molhar.

HABILIDADE 5

NAVEGAR PELA INTERNET COM SEGURANÇA

A internet é sensacional, mas também pode ser perigosa. Se você quer navegar em segurança, siga essas dicas.

1. Não abra *e-mails* ou anexos enviados por pessoas que você não conhece. Eles podem conter vírus.

2. Não divulgue seu nome de usuário e senha, assim outras pessoas não poderão acessar sua conta de *e-mail*.

3. Nunca, jamais, forneça informações como seu endereço de casa ou *e-mail*, seu nome completo, idade e número de celular ou nome da escola. Se uma pessoa em um *site* lhe perguntar esse tipo de detalhe, feche a janela do bate-papo e encerre sua navegação imediatamente. Em caso de dúvida, desligue o computador.

4. Mantenha sua navegação na internet e sua vida no mundo real separadas. Nunca vá ao encontro de alguém que você "conheceu" pela internet – eles podem não ser quem dizem que são.

5. Se você vir algo que lhe faça se sentir desconfortável, conte para um adulto imediatamente.

HABILIDADE 6

DAR NÓ EM GRAVATA

Essa habilidade lhe fará parecer MUITO esperto quando demonstrá-la a alguém. Siga os seguintes passos e descubra como.

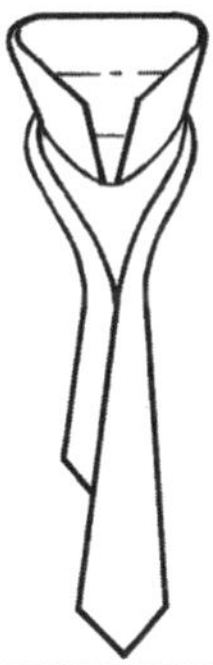

1. Se você for usar a gravata com uma camisa, primeiro levante o colarinho e então coloque a gravata ao redor do seu pescoço com o lado estreito para a direita.

Certifique-se que a ponta mais larga da gravata esteja 15 centímetros mais comprida que a ponta estreita.

2. Puxe a ponta do lado largo da gravata por cima da parte estreita, e passe-o de volta embaixo dela, de modo que a parte interna do lado largo fique para frente.

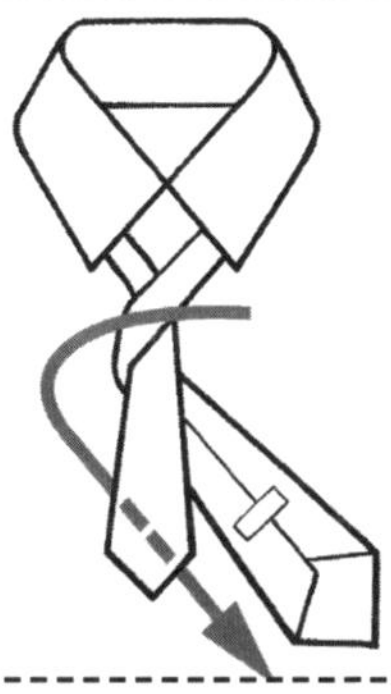

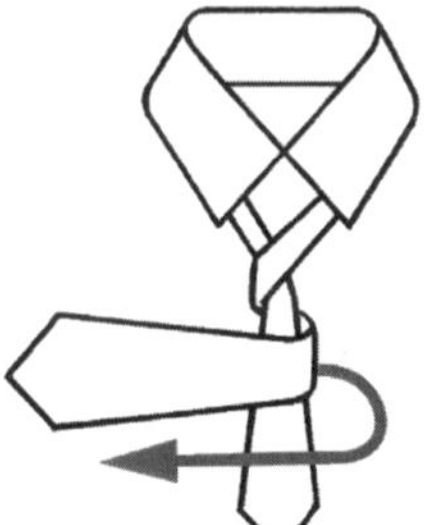

3. Traga o final da ponta larga de volta, para cima do lado estreito, como mostra a figura.

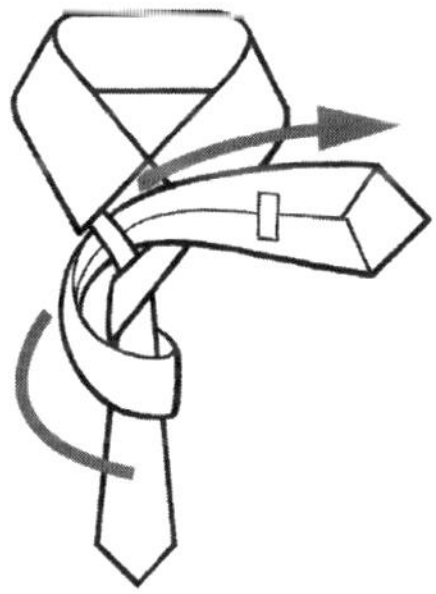

4. Coloque a ponta larga da gravata por dentro do laço, fazendo o movimento na direção do pescoço.

5. Agora puxe a ponta larga da gravata para baixo por dentro da alça que você acabou de fazer.

6. Aperte o nó, segurando a gravata pela ponta do lado estreito e deslizando o nó para cima, em direção ao pescoço.

FICA ESPERTO!

Você pode ter de usar uma gravata em algum evento escolar ou familiar. Se você tiver uma ocasião realmente especial para ir e quiser ter certeza de que está superestiloso, por que não trocar sua gravata por uma gravata-borboleta? Descubra como dar o laço em uma gravata-borboleta na Habilidade 13.

HABILIDADE 7

ESPIRRAR EDUCADAMENTE

Espirros são a maneira sensacional que seu corpo usa para expelir os germes – em até 150 quilômetros por hora. Infelizmente, não é tão sensacional para quem está muito perto. Aprenda aqui como evitar espalhar germes quando você espirra.

1. Quando você sentir um espirro se aproximando, vire seu rosto para o lado em que não há ninguém por perto.

2. Pegue um resistente lenço de papel sem uso e espirre nele. Tenha certeza de que o lenço está cobrindo completamente seu nariz e sua boca, de modo que nenhuma gota escape pelos lados.

3. Dobre o lenço e jogue-o fora, de preferência em um cesto com tampa. Lave muito bem suas mãos (veja a Habilidade 3) para se certificar de que não há mais germes nelas.

SE LIGA!

Nunca compartilhe seus lenços de papel ou de pano com ninguém, mesmo que seja seu melhor amigo. Você poderá espalhar milhares de germes asquerosos!

HABILIDADE 8

CORTAR AS UNHAS DOS PÉS

Ficar com as unhas do pé grandes não é bacana. Elas ficam sujas e carregam germes também. Na verdade, elas ficam bem nojentas. Aprenda aqui como mantê-las curtas e limpas.

1. Coloque seus pés de molho na água morna para tirar qualquer resquício de sujeira e amolecer as unhas. Isso faz com que elas fiquem mais fáceis de ser cortadas.

2. Use um cortador de unha e comece pelo dedão. Coloque a ponta da unha na abertura do cortador e aperte-o, fechando a lâmina para cortar a unha.

3. Corte a unha, mas tome cuidado para não pegar a pele ao redor. Isso irá evitar que a sua unha encrave – além do que, cortes na pele ao redor da unha pode ser muito dolorosos!

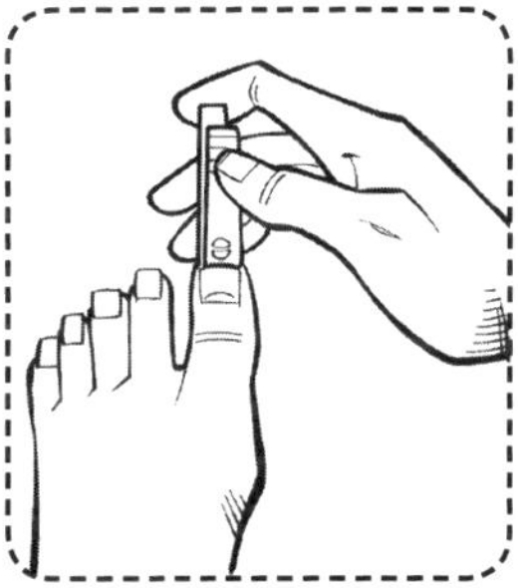

4. Corte todas as unhas do seu pé dessa maneira, até que elas fiquem mais ou menos todas do mesmo comprimento.

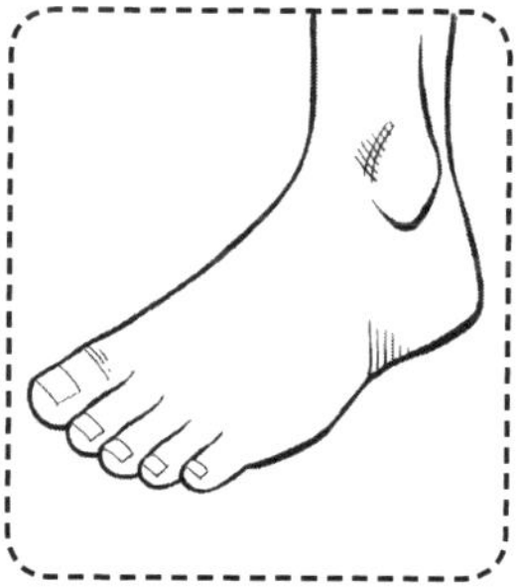

5. Lave seus pés em água morna com sabão e seque-os muito bem. Para manter os seus pés arejados, use meias de algodão limpas e troque-as diariamente.

HABILIDADE 9

ACABAR COM O CHULÉ

Você tem problemas com chulé? Se o cheiro de seu tênis poderia derrubar seus adversários, então é hora de acabar com esse fedor venenoso.

OPÇÃO 1: FAÇA UM CHURRASCO

★ Coloque alguns pedaços de carvão para churrasco, sem uso, dentro de um par de meias 3/4 – peça para a sua mãe ou sua irmã um par antigo – e amarre-as perto do elástico, "fechando" as meias.

★ Coloque uma meia em cada pé do tênis e deixe-as lá a noite toda. Pela manhã, você poderá usufruir do doce cheiro do sucesso.

OPÇÃO 2: CHULÉ REALMENTE GOSTOSO

★ Da próxima vez que você chupar uma laranja, guarde a casca.

★ Coloque a casca da laranja dentro do tênis e deixe-a lá por toda a noite.

★ Jogue a casca fora na manhã seguinte e surpreenda-se com seu tênis fresco e gostoso – sabor laranja!

OPÇÃO 3: UMA PITADINHA DE BICARBONATO

★ Procure na sua cozinha bicarbonato de sódio (um pó branco usado para cozinhar, como fermento químico) ou peça um pouco a um adulto. Coloque uma colher de chá cheia de bicarbonato em cada pé do tênis e chacoalhe-os.

★ Deixe o tênis "descansar" durante toda a noite e, então, jogue o bicarbonato fora no dia seguinte.

★ O bicarbonato terá absorvido o chulé durante a noite, deixando seu tênis com um cheiro ótimo.

OPÇÃO 4: CONGELANDOOOOOOOOOOO

★ Embrulhe seus tênis em um saco plástico e amarre a boca do saco.

★ Coloque o saco no freezer e deixe lá durante a noite.

★ As bactérias fedidas do seu tênis serão destruídas pela temperatura baixa, deixando-o com um cheiro realmente fresco.

★ Não se esqueça de deixar o tênis "esquentar" antes de calçá-lo, ou seus pés irão congelar também!

HABILIDADE 10

COLOCAR O CADARÇO E AMARRÁ-LO

Há milhares e milhares de maneiras diferentes de colocar o cadarço no tênis. Você pode passar a vida toda tentando todas elas, ou você pode seguir esses passos supersimples.

1. Empurre uma das pontas do cadarço para baixo no último buraquinho e puxe-o atravessando até o buraquinho em frente.

2. Puxe o cadarço e compare as duas pontas para que tenham o mesmo comprimento.

3. Pegue uma das pontas, puxe-a cruzando sobre a língua do tênis e coloque-a no próximo buraquinho do lado oposto.

4. Continue cruzando o cadarço em "x", colocando-o sempre no buraquinho que está na diagonal oposta.

5. Quando você acabar com uma das pontas, repita com a outra. Ao final, o cadarço estará cruzando em "x" e todos os buraquinhos estarão com cadarço.

Agora é hora de ter certeza que você sabe como amarrar os cadarços.

6. Pegue as duas pontas do cadarço e cruze-as.

7. Coloque seu dedo embaixo, apoiando o ponto onde o cadarço cruza, passe uma das pontas do cadarço por baixo para fazer um nó e, então, puxe-a para cima.

8. Coloque seu dedo indicador em cima do nó para segurá-lo.

9. Faça um laço com uma das pontas do cadarço e segure-o na base (encostado ao nó) com dois dedos.

10. Passe a outra ponta do cadarço ao redor do laço fazendo um círculo, depois coloque a parte do meio desse lado do cadarço de volta dentro do círculo para fazer outro laço.

11. Puxe as duas orelhas para apertar o laço.

HABILIDADE 11

ARRUMAR A MOCHILA DA ESCOLA

Carregar uma mochila por aí não precisa ser um problema para o pescoço ou para os ombros. Siga essas dicas para ter certeza de que o que você está carregando pareça o mais leve possível.

ESCOLHA UMA MOCHILA...

★ ... com alças robustas e acolchoadas.

★ ... com vários bolsos, zíperes fortes e cobertura impermeável.

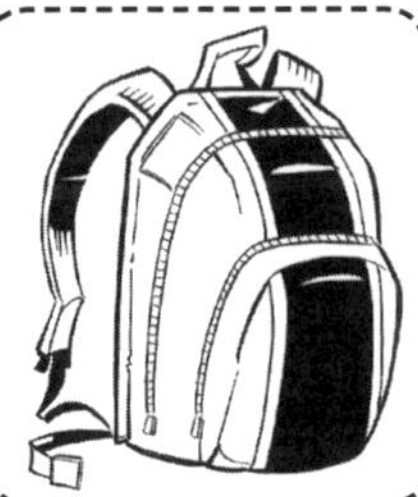

1. Coloque as coisas na sua mochila de modo que elas não se movam. Coloque os itens mais pesados na parte da mochila que fica mais perto do seu corpo. Coloque os objetos que você mais usa nos bolsos, assim você pode encontrá-los facilmente.

2. Tenha certeza de que a carga dentro da mochila está distribuída uniformemente. Use sempre as duas alças da mochila para carregá-la, isso irá evitar que você tenha dores nas costas.

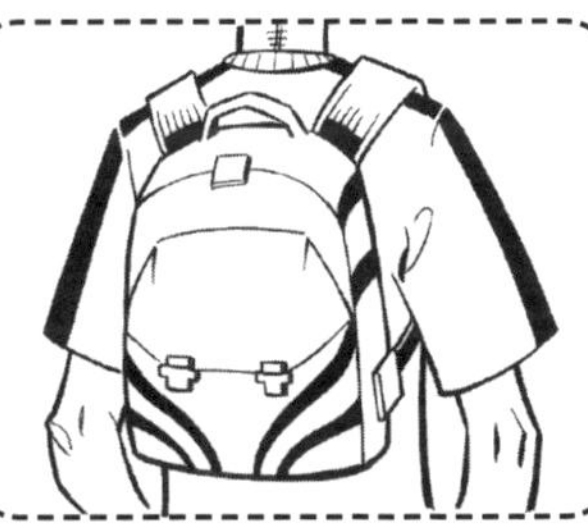

3. Evite carregar muitas coisas. Se você não consegue levantar sua mochila facilmente, ela está muito pesada. Tenha o hábito de esvaziar a mochila frequentemente – é incrível quanta tralha você pode acumular!

HABILIDADE 12

ESPREMER UMA ESPINHA

Espinhas, ninguém gosta delas, mas todo mundo tem – até as celebridades! Então, se você acordar com uma no seu rosto, dê uma olhada nessa solução.

1. Lave muito bem suas mãos (veja Habilidade 3).

2. Olhe-se em um espelho que esteja em uma área bem iluminada. O monstro no seu rosto já tem uma pontinha branca ou preta? Se ainda não tiver, passe um creme para espinhas nele e deixe quieto. Do contrário, siga para o passo 3.

3. Envolva seus dois dedos indicadores em um lenço limpo e faça uma leve pressão com os dedos ao redor da espinha para tentar tirar o pus branco de dentro dela.

4. Limpe a espinha e a área ao redor com água e sabão, então passe um creme antiespinhas.

FICA ESPERTO!

Para ajudar a manter sua pele bacana e sem espinhas, coma alimentos com muita vitamina C, como laranja, morango e tomate; vitamina E, como azeite de oliva, sementes de girassol e avelã; e vitamina A, como queijo, ovos e peixe. Veja a Habilidade 19 para saber sobre como comer de forma saudável.

HABILIDADE 13

DAR NÓ EM GRAVATA-BORBOLETA

Você pode "até" não usar gravata-borboleta todos os dias, mas se você quer ficar tão charmoso e sofisticado como James Bond, dar nó em uma gravata-borboleta é uma habilidade muito útil para se aprender.

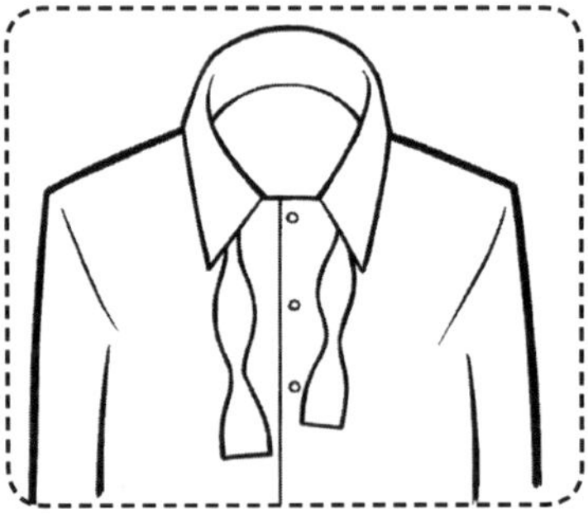

1. Fique em frente a um espelho com a gravata-borboleta ao redor do seu pescoço. Deixe um lado mais longo que o outro cerca de 4 cm.

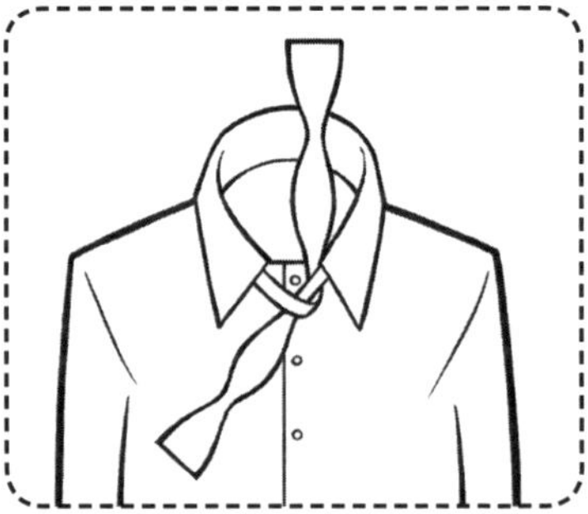

2. Pegue o lado mais longo e cruze-o por cima do outro lado, então faça a volta por baixo e passe a ponta dentro do laço que se formou.

3. Dobre o lado mais curto, como mostrado aqui, com a ponta na frente direcionada para o lado oposto do corpo.

4. Segure com um dedo a parte dobrada na posição em que a gravata ficará e traga a parte mais longa para baixo, passando por cima da parte curta e formando um laço.

5. Dobre o lado mais longo, como mostrado aqui, com a ponta voltando-se para a direção do corpo.

6. Finalmente, empurre esta parte dobrada para dentro do laço que você fez no passo 4. Segure as duas pontas.

7. Agora você já deve poder ver sua gravata-borboleta tomando forma. Para o toque final, James Bond, ajuste-a. Sua gravata-borboleta ficará perfeita!

HABILIDADE 14

TER SAPATOS BRILHANTES

Seja lá onde você for aparecer com sapatos de couro, em uma festa ou uma cerimônia, eles precisam estar brilhantes.

1. Espalhe algumas folhas de jornal velho no chão onde você irá polir seus sapatos. Tire o cadarço dos sapatos.

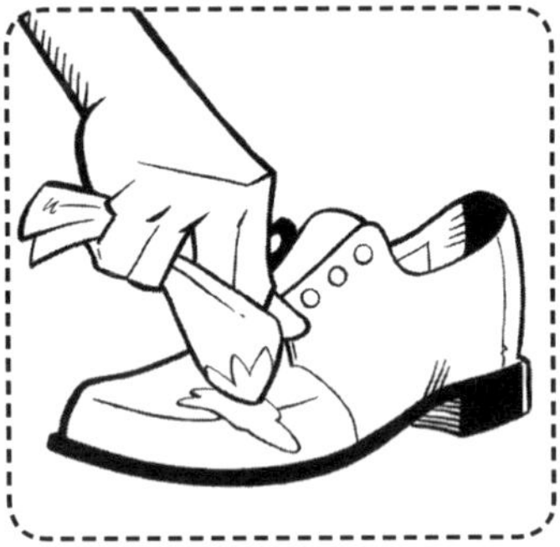

2. Remova qualquer terra ou sujeira com um pano úmido. Deixe os sapatos secarem.

3. Enrole um pano macio e seco ao redor de seus dedos médio e indicador (da mão!!!) e passe em uma graxa incolor ou em uma da mesma cor de seus sapatos.

4. Aplique a graxa no sapato, esfregando com pequenos movimentos circulares. Comece a partir do calcanhar e faça isso até que o sapato inteiro esteja coberto com uma fina camada. Repita o processo no outro pé de sapato. Deixe-os descansar por quanto tempo puder para que absorvam a graxa.

5. Use uma escova de sapato para fazer a graxa brilhar. Escove seus sapatos, fazendo movimentos rápidos de um lado para o outro – isso é polir!

6. Repita os passos 4 e 5 para aumentar o brilho em seus sapatos.

HABILIDADE 15

GERENCIAR SEU DINHEIRO

Alguma vez você já se perguntou por que alguns de seus amigos parecem ter um monte de dinheiro, enquanto outros estão sempre duros? Isso tudo faz parte do talento para gerenciar o dinheiro. Aqui estão algumas ótimas dicas.

★ Pegue uma lata com um cadeado, ou um cofre-porquinho, para colocar seu dinheiro. Mantenha-o em um lugar seguro e encha-o com todo e qualquer dinheiro que tiver no bolso ou ganhar de alguém.

★ Para ganhar algum dinheiro extra, pergunte a seus pais se eles lhe pagariam alguma coisa por fazer tarefas como lavar o carro (veja Habilidade 37) ou lavar as roupas (veja Habilidade 60).

★ Se você estiver de olho em alguma coisa que deseja comprar, resista à tentação de gastar o dinheiro que sobrar no seu bolso com doces ou revistas.

★ Se você tem realmente intenção de guardar dinheiro, peça a seus pais ajuda para abrir uma conta bancária para jovens. O banco lhe recompensa "dando" a você uma pequena porcentagem, como um bônus, em relação ao dinheiro guardado na conta – isso são os juros. Aí, é só observar seu dinheiro aumentar!

HABILIDADE 16

CONSULTAR UM RELÓGIO QUE MARCA 24 HORAS

Se você está planejando um passeio ou uma viagem, você irá perceber que a maioria das programações mostra os horários com base em 24 horas, por exemplo, 15:35 ou 19:17. Para ter certeza de que vai chegar sempre no horário certo, aqui está tudo o que você precisa saber para decodificar um relógio de 24 horas.

★ Os números antes dos pontos se referem às horas, e os números depois deles indicam quantos minutos já se passaram naquela hora.

★ As horas entre a meia-noite e o meio-dia são mostradas de 00:00 a 12:00. Meia-noite é representada por 00:00 – pense nela como o começo de um novo dia!

★ Após o meio-dia e antes da meia-noite, as horas são mostradas de 12:01 a 23:59.

★ Sempre que você vir quaisquer números antes dos pontos maiores que 12, subtraia 12 para descobrir que hora é. Por exemplo: 15:30 são três e meia da tarde, porque 15 – 12 = 3, enquanto 03:30 são três e meia da manhã.

HABILIDADE 17

ACABAR COM SOLUÇO

Os médicos sabem o que são os soluços (são espasmos musculares em sua garganta e seu peito), mas até agora ninguém encontrou uma maneira eficiente de se livrar deles. Aqui estão cinco maneiras possíveis de acabar com os soluços. Tente todas e veja qual funciona para você.

★ Respire bem fundo e segure a respiração o maior tempo que puder. Repita até o soluço passar.

★ Engula o mais rápido e mais frequente que conseguir, ou tome pequenos goles de água bem rápido.

★ Coma uma grande colher de doce de leite. (Não tente este método se você tem diabetes.)

★ Chupe algo azedo, como um pedaço de limão.

★ Tampe os ouvidos e, então, tome um pouco de água devagar.

HABILIDADE 18

EVITAR ENJOO EM VIAGENS

Nada estraga mais uma viagem quanto passar mal. Se você fica enjoado só de pensar em entrar em um avião, um navio ou um carro, estes conselhos são especialmente para você.

LOCAIS PARA SE SENTAR

NO CARRO: Sente-se no banco da frente do lado do passageiro.

EM UM BARCO: Sente-se em um deque na parte de cima, assim você poderá sentir o ar fresco.

EM UM AVIÃO: Pegue um assento na janela, em cima da asa, se possível, porque é onde você sentirá menos os movimentos.

FAÇA: Beba muita água durante a viagem para ficar sempre bem hidratado.

NÃO FAÇA: Leia ou jogue, em papel ou no computador.

FAÇA: Pegue muito ar fresco, se for possível. Abra uma janela ou ande pelo deque.

NÃO FAÇA: Coma alimentos gordurosos ou doces antes de viajar.

HABILIDADE 19

TER UMA DIETA SAUDÁVEL

Você pode desejar comer batatas fritas no almoço e no jantar, mas ter uma dieta balanceada é realmente importante para lhe ajudar a crescer, ser saudável e ficar cheio de energia. Oriente-se com a ajuda da ilustração abaixo e saiba como comer certo todos os dias.

Coma: Cinco porções de frutas e vegetais por dia.

Coma bastante: Massas, pães, arroz, batata e cereais.

Inclua na sua dieta: Carne vermelha, frango, ovos, nozes e peixe.

Tente cortar da sua dieta: Bebidas gaseificadas, salgadinhos, bolos, biscoitos, frituras, doces e chocolate.

Coma pouco: Queijo, leite e iogurte.

MESTRE-CUCA

HABILIDADE 20

MANTER-SE SEGURO NA COZINHA

Antes de começar a fazer delícias na cozinha, você precisa saber como derrotar as bactérias e como lidar com equipamentos perigosos para manter a sua cozinha, e você!, limpos e seguros.

SEJA FIRME COM A HIGIENE

★ Antes de tocar em quaisquer ingredientes, lave suas mãos muito bem (veja Habilidade 3).

★ Se você vai cozinhar ou preparar a comida, coloque curativos em cortes ou arranhões que você possa ter nas mãos para evitar infecções.

★ Quando guardar as compras do supermercado, armazene a carne, o peixe e os laticínios na geladeira para que eles não estraguem.

★ Após tocar em comida crua, especialmente carne, lave as mãos muito bem (veja Habilidade 3).

NÃO SINTA QUEIMAR

★ Use sempre luvas quando estiver mexendo com pratos e panelas quentes, ou abrindo a porta do fogão.

★ Nunca deixe os cabos de panelas quentes para fora do fogão, na direção do cozinheiro, ou em alguma parte quente do fogão, pois você pode esbarrar nos cabos e acabar se queimando.

★ Nunca coloque a mão sobre bocas de fogões elétricos ou a gás que estejam acesas.

★ Incline-se um pouco para trás quando estiver derramando líquidos quentes dentro de panelas no fogo para não ser escaldado pelo vapor.

AFIE SEUS DOTES

★ Não deixe facas "de ponta" dentro da pia, pois elas podem ser escondidas pela espuma do sabão.

★ Quando for passar facas ou tesouras para outras pessoas, dê a elas o cabo primeiro, assim elas não correm o risco de se cortar com a lâmina.

★ Se tiver de andar com facas nas mãos, carregue-as com a lâmina voltada para frente, assim, se você tropeçar, estará seguro.

★ Apóie as tábuas de cortar em superfícies planas para manusear os ingredientes.

HABILIDADE 21

ARRUMAR A MESA

Se te pedirem para arrumar a mesa, tenha certeza de que está fazendo tudo direitinho, assim você e sua família poderão comer com estilo.

A: Garfos ficam à esquerda do prato. O garfo que será usado primeiro, o da entrada, fica mais afastado do prato, enquanto o do prato principal fica mais próximo ao prato.

B: Facas ficam à direita do prato. A faca que será usada primeiro, a da entrada, fica mais afastada do prato, enquanto a do prato principal fica mais próxima ao prato.

C: A colher de sobremesa deve ser colocada à frente do prato, com o cabo disposto no lado direito. Se a sobremesa que você servirá precisar de um garfo para ser saboreada, coloque-o entre a colher e o prato, com os dentes apontando para a direita.

D: Coloque os copos acima da colher de sobremesa, um pouco mais para o lado direito. Você vai precisar de um copo para o refrigerante e outro para a água.

E: Finalmente, coloque um guardanapo dobrado à esquerda dos garfos e prepare-se para surpreender seus convidados.

HABILIDADE 22

COZINHAR UM OVO

Quem não gosta de ovos cozidos? Eles são supergostosos, supersaudáveis e você pode prepará-los em cinco minutos. Preparar, apontar, vai!

SE LIGA!

Sempre peça a um adulto antes de usar o fogão ou aquecer água!

1. Coloque água fria em uma panela, o suficiente para cobrir o ovo e leve-a ao fogo.

2. Espere até a água ferver. Delicadamente mergulhe o ovo na água com a ajuda de uma colher.

3. Abaixe o fogo para que a água borbulhe devagar.

FICA ESPERTO!

Para evitar que o ovo rache, basta enfiar um alfinete na base maior do ovo, antes de colocá-lo na panela. Isso fará com que o vapor interno escape e evitará que ele estoure.

4. Cronometre quatro minutos se você quiser um ovo com gema mole, ou seis minutos se você quiser a gema firme.

5. Use a colher para tirar o ovo da água depois desses minutos. (Não esqueça de desligar o fogo primeiro.)

6. Coloque-o em uma xícara de café ou em um suporte para ovo quente, com o lado maior do ovo para baixo. Quebre a ponta da casca com o cabo de uma colherzinha e sirva-o acompanhado de torradas com manteiga.

HABILIDADE 23

DESCASCAR UMA BATATA

Você é louco por batata? Para batatas cozidas, fritas, assadas ou em forma de purê você precisará dominar a arte de descascar batatas.

SE LIGA!

Tome cuidado extra quando estiver usando um descascador de legumes.

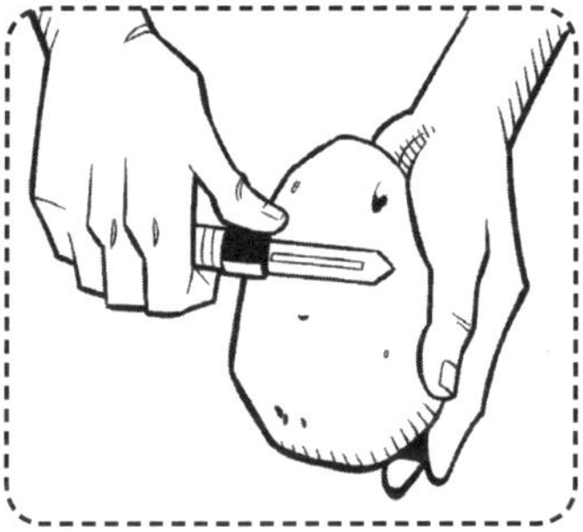

1. Se você é destro, segure a batata com sua mão esquerda e o descascador com sua mão direita (ou o contrário se você for canhoto).

2. Segure o descascador firmemente. Posicione-o de forma que a lâmina fique na parte de cima da batata.

3. Aplique pressão sobre a batata com a lâmina do descascador e raspe-a devagar. Tome cuidado para que os movimentos sejam feitos na direção contrária de onde está seu corpo ao remover a casca da batata (por faixas).

4. Repita os passos 2 e 3 até que você tenha tirado toda a casca da batata.

5. Jogue as cascas no lixo.

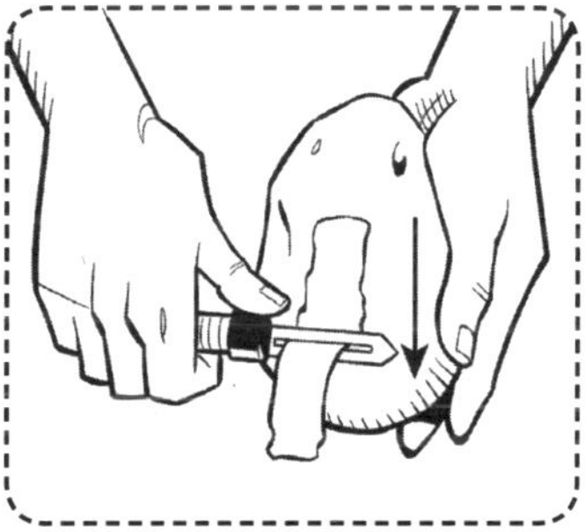

HABILIDADE 24

COZINHAR UM MARAVILHOSO ESPAGUETE

Para fazer uma massa fantástica, siga esses passos simples.

SE LIGA!

Sempre peça ajuda a um adulto para usar o fogão ou aquecer água.

1. Encha uma panela grande com água fria. Acenda o fogo e espere até que a água ferva.

2. Acrescente à água fervendo uma grande pitada de sal e coloque um fio de óleo – isso irá evitar que a massa grude na panela.

3. Cuidadosamente, coloque o macarrão na panela. Você pode estimar 75 g de massa para cada adulto e 50 g para cada criança. O macarrão irá amolecer quando entrar em contato com a água quente, então, empurre-o para baixo cuidadosamente com uma colher de madeira até que fique submerso.

4. Cronometre nove minutos.

5. Enquanto o macarrão está cozinhando, mexa-o várias vezes para ter certeza de que não está grudado na panela.

6. Após esse tempo, pegue um fio de espaguete usando um garfo. Sopre-o para não queimar a boca e, então, prove. Deve estar macio do lado de fora e firme do lado de dentro. Se a massa ainda estiver muito dura, deixe-a cozinhar um pouco mais.

7. Quando o macarrão estiver pronto, coloque o escorredor de macarrão na pia e desligue o fogo. Com cuidado despeje a massa no escorredor para eliminar a água e depois sirva o macarrão bem quente.

Você sabia? Algumas pessoas jogam alguns fios de espaguete contra a parede para ver se estão prontos. Se eles grudarem, está bom. Por favor, pergunte a um adulto se o teste está "liberado" antes de cobrir as paredes com macarrão!

FICA ESPERTO!

Experimente servir o macarrão com...

★ ... manteiga e pimenta-do-reino.

★ ... folhas de manjericão e tomates.

HABILIDADE 25

FAZER UM CHÁ

Uma xícara de chá perfeita é garantia de uma bebida reconfortante. Aprenda como fazer essa mágica e surpreenda sua família!

SE LIGA!

Sempre peça a um adulto antes de usar o fogão ou aquecer água.

1. Encha uma chaleira ou caneca com água fria e acenda o fogo.

2. Arrume as xícaras ou canecas, bule, colheres e açúcar na mesa.

3. Coloque um pouco de água morna no bule. Cuidadosamente mexa a água em círculos por mais ou menos 30 segundos e, então, jogue-a fora. O bule aquecido irá ajudar o chá a libertar sua cor e seu sabor.

4. Coloque chá folha (natural) ou saquinhos no bule – uma colher cheia de erva ou saquinho para cada pessoa e uma extra (para garantir!).

5. Depois que a água na chaleira tiver fervido, coloque-a no bule. Derrame a água devagar. Mantenha-se longe e tome cuidado para não se escaldar com o vapor.

6. Mexa o chá no bule, depois deixe descansar por três minutos – se demorar mais o chá começará a ficar amargo.

7. Coloque o chá nas xícaras ou canecas. Se você estiver usando erva *in natura*, irá precisar de uma peneira ao despejar o chá, para coar as folhas.

8. Coloque açúcar para adoçar o chá, se seus convidados quiserem, mexa-o bem e bom proveito!

HABILIDADE 26

DESCASCAR UMA LARANJA

Descascar uma laranja não precisar ser uma luta sem fim. Para resolver esse problema de forma simples você vai precisar de uma faca afiada e... uma laranja!

SE LIGA!

Tenha cuidado redobrado quando estiver usando uma faca afiada.

1. Coloque a laranja de lado em uma tábua de cortar alimentos. Role a laranja para que ela "solte" a casca.

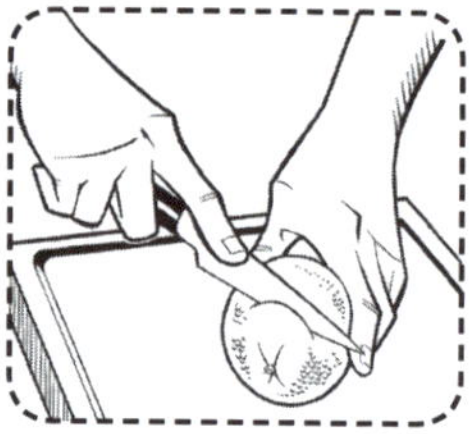

2. Corte a "tampinha" de cima e de baixo.

3. Cuidadosamente corte a laranja em quatro partes de tamanhos iguais.

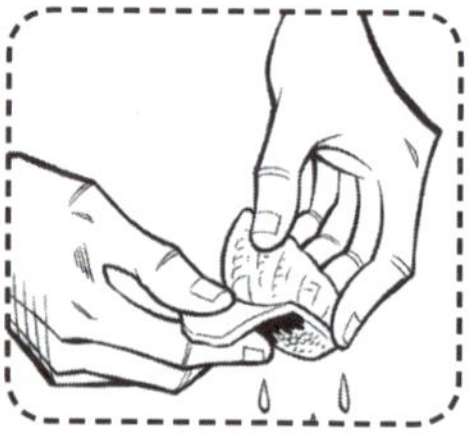

4. Descasque cada quarto da laranja e saboreie-a. Coma a laranja sobre um prato para aproveitar o suco que derramar!

FICA ESPERTO!

Guarde a casca da laranja e vá para a Habilidade 9 para um jeito "matador de odores" de usá-la.

HABILIDADE 27

QUEBRAR UM OVO COMO UM *CHEF*

Impressione seus amigos e sua família com seus talentos culinários, dominando a arte de quebrar o ovo usando uma única mão!

1. Pegue um recipiente e, então, apanhe o ovo.

2. Segure-o com sua mão mais forte. Coloque o dedão de um dos lados, o dedo indicador como um gancho na parte de cima do ovo, e o dedo médio e os demais do outro lado do ovo.

3. Bata o ovo com firmeza contra a borda do recipiente. Tente não bater muito forte! O objetivo é quebrar o ovo e não estilhaçá-lo.

4. Coloque o dedo médio em cima da rachadura e puxe a parte inferior da casca para baixo. Ao mesmo tempo, use o dedão para empurrar delicadamente a casca do ovo para cima, movendo suas metades em direções opostas.

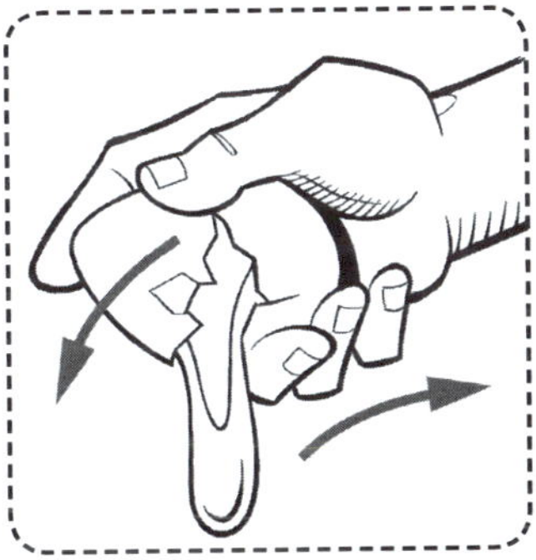

5. Enquanto o "conteúdo" do ovo derrama no recipiente, levante sua mão rapidamente – isso dará o efeito do grande *chef*!

HABILIDADE 28

PICAR UMA CEBOLA

Esta é uma maneira rápida e segura de cortar uma cebola – pouco estardalhaço, pouca bagunça... e resultado garantido!

SE LIGA!

Tenha cuidado redobrado quando estiver usando uma faca afiada.

1. Apóie a cebola de lado em uma tábua de cortar, com a raiz voltada para o lado esquerdo e a outra ponta para direita (inverta se você for canhoto).

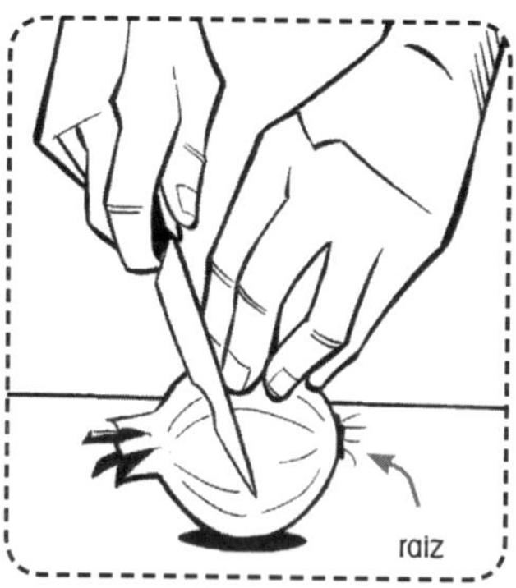

2. Corte a ponta, mas deixe a raiz intacta. Isso fará a cebola não desmoronar enquanto você a corta e irá reduzir os vapores picantes que fazem você chorar.

3. Retire a fina casca marrom da cebola.

4. Coloque a cebola com o lado cortado na tábua e corte-a pela metade através da raiz.

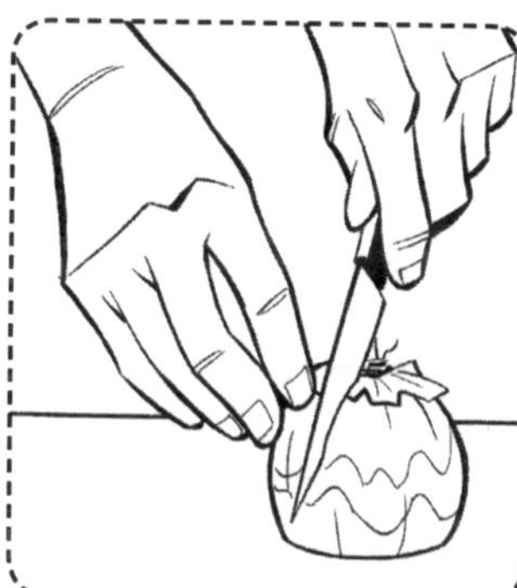

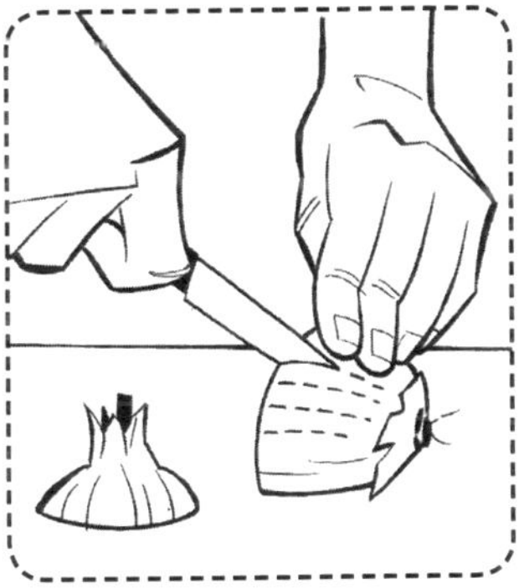

5. Pegue uma metade da cebola e, com a faca apontando para a raiz, faça fatias em toda sua extensão. Tenha certeza de atingir a raiz com a ponta da faca, mas não a corte.

6. Use seus dedos para manter as fatias juntas, então, corte a cebola no sentido da largura até que toda ela vire cubinhos.

7. Repita os passos 5 e 6 na outra metade da cebola.

FICA ESPERTO!

Cortar cebola pode fazer até o mais valente brutamontes se derreter em lágrimas. Aqui vão algumas dicas antilágrimas:

★ Não esfregue os olhos enquanto estiver cortando a cebola. Só faça isso após lavar as mãos (veja Habilidade 3).

★ Coloque sua língua para fora enquanto corta a cebola.

★ Mergulhe a cebola em água por 30 minutos antes de cortá-la.

HABILIDADE 29

PREPARAR PANQUECAS

Panquecas são fáceis de fazer e deliciosas de comer – não só em um dia especial, mas em qualquer dia! Siga esses passos para fazer uma panqueca perfeita.

SE LIGA!

Peça permissão e ajuda a um adulto para usar o fogão.

VOCÊ VAI PRECISAR DE:

- 110 g de farinha de trigo
- 200 ml de leite
- 75 ml de água
- 50 g de manteiga sem sal
- 2 ovos
- uma pitada de sal

(Rende de 12 a 14 panquecas)

1. Coloque a farinha e o sal em um recipiente grande.

2. Cavouque um pequeno buraco na farinha e quebre os ovos dentro dele.

3. Misture a farinha e os ovos com um batedor de mão ou um garfo.

4. Em uma jarra misture a água e o leite.

5. Gradualmente, acrescente a mistura de leite e água na massa, mexendo-a todo o tempo. Isso deve forma uma mistura homogênea, sem bolinhas de farinha.

6. Derreta a manteiga em uma frigideira, acrescente-a à massa e mexa bem. Essa frigideira será utilizada para cozinhar as panquecas, então, escolha uma que não seja muito pesada.

7. Acenda o fogo, coloque a frigideira no fogão e despeje uma concha da massa de panqueca no centro da frigideira.

8. Mexa a frigideira para os lados para que toda a superfície seja coberta com uma fina camada de massa.

Agora é hora de virar a panqueca!

9. Abaixe o fogo e deixe a panqueca cozinhar de um dos lados por aproximadamente um minuto.

10. Chacoalhe a frigideira de um lado para o outro para verificar se a panqueca não está grudada. Você pode precisar passar delicadamente uma espátula embaixo da panqueca para que ela desgrude direitinho.

11. Segure o cabo da frigideira com as duas mãos e levante-a do fogão. Agora vem a cena: impulsione a frigideira para cima suavemente para que a panqueca desgrude, "voe", vire ao contrário e caia novamente sobre a frigideira.

12. Deixe a panqueca cozinhar por um minuto do outro lado e, então, sirva-a com uma calda feita de suco de limão e açúcar.

HABILIDADE 30

FAZER UMA VITAMINA

Vitaminas são realmente deliciosas, divertidas de fazer e supersaudáveis também. Leia aqui para descobrir como se tornar um "vitaminado".

SE LIGA!

Peça permissão e ajuda a um adulto para usar o liquidificador.

VOCÊ VAI PRECISAR DE:

- 1 banana
- 200 g de morangos
- 120 ml de leite
- 250 ml de iogurte (natural ou com sabor, como morango)
- 4 cubos de gelo grandes

(Serve duas pessoas)

1. Descasque e fatie a banana. Lave e pique os morangos. Quanto menor forem os pedaços, mais cremosa ficará sua vitamina.

2. Coloque o gelo em um saquinho limpo e quebre-o em pedaços com um rolo de massa ou martelinho de carne.

3. Primeiro, coloque as frutas no liquidificador e, depois, o gelo picado. Tampe o liquidificador e bata as frutas e o gelo. Desligue o liquidificador, destampe-o e despeje o leite e o iogurte por cima.

4. Tampe-o novamente e comece a bater devagar; depois aumente a velocidade. Se a sua vitamina parece mais uma maçaroca, mexa a mistura com uma colher e, então, bata-a mais uma vez.

FAÇA VOCÊ MESMO

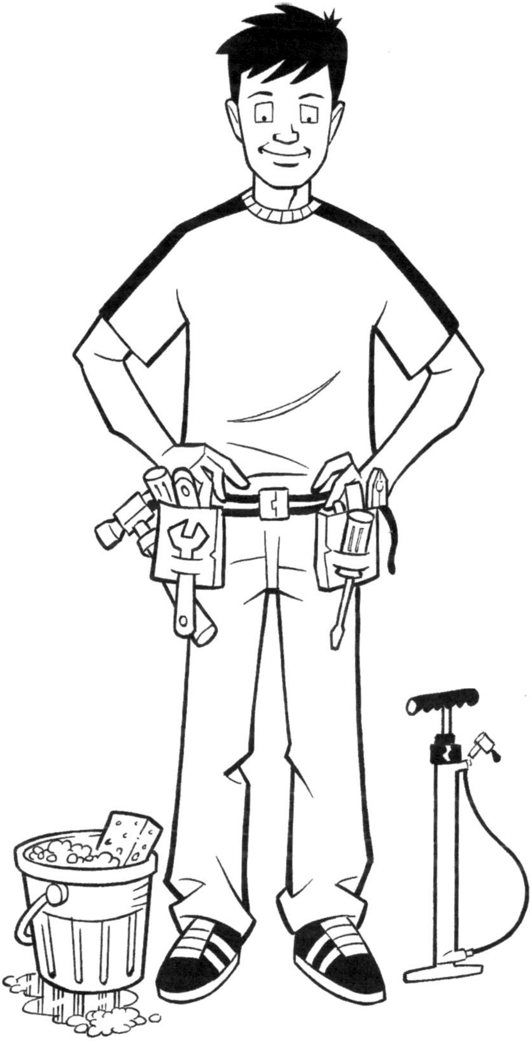

HABILIDADE 31

ENCHER PNEUS DE BICICLETA

Um pneu furado na bicicleta é realmente chato. Siga essas recomendações e você terá um pneu cheio e pronto para outra em um piscar de olhos.

CONHECIMENTO "REDONDAMENTE" IMPORTANTE

Se você anda com sua bicicleta com frequência, a pressão do ar nos pneus irá reduzir gradualmente. E, em algum momento, você poderá acabar de cara triste com um pneu vazio. E é perigoso andar com ele assim!

Para lhe ajudar a chegar logo no seu destino, olhe o diagrama abaixo e aprenda os nomes de todas as diferentes partes de uma roda de bicicleta. Isso também será útil quando você precisar arrumar um pneu furado (veja Habilidade 35).

ENCHENDO O PNEU

1. Encoste sua bicicleta em uma parede ou coloque-a em um tripé.

2. Ache a válvula e remova a tampa contra poeira (o diagrama lhe ajudará a localizar as partes). Quando você tiver tirado a tampinha, coloque-a em um lugar seguro, como seu bolso.

3. Encaixe a bomba de encher pneu na válvula e segure firme.

Existem diferentes tipos de bombas para bicicleta – alguns modelos podem ser rosqueados na válvula, enquanto outros usam uma espécie de grampo. Leia o manual da sua bomba para descobrir como ela funciona.

4. Comece a bombear o ar com um movimento de empurra-e-puxa, e continue até que o pneu da bicicleta esteja bem firme (verifique apertando-o). Tome cuidado para não inflar demais o pneu.

5. Tire a bomba e coloque a tampa contra poeira de volta.

6. Repita os passos de 2 a 5 no outro pneu.

FICA ESPERTO!

Verifique seus pneus regularmente. Se você perceber que eles estão murchando com frequência, pode haver um pequeno furo. Para descobrir como consertá-lo, veja a Habilidade 35.

HABILIDADE 32

APERTAR UM PARAFUSO

Saber exatamente como usar uma chave de fenda é uma habilidade muito útil. Aqui explicamos como apertar um parafuso.

ANTES DE COMEÇAR

Verifique se sua chave de fenda é do tipo certo e do tamanho certo para o parafuso que você quer apertar. Aqui estão os tipos mais comuns de cabeça de parafuso e as chaves de fenda ideal para eles.

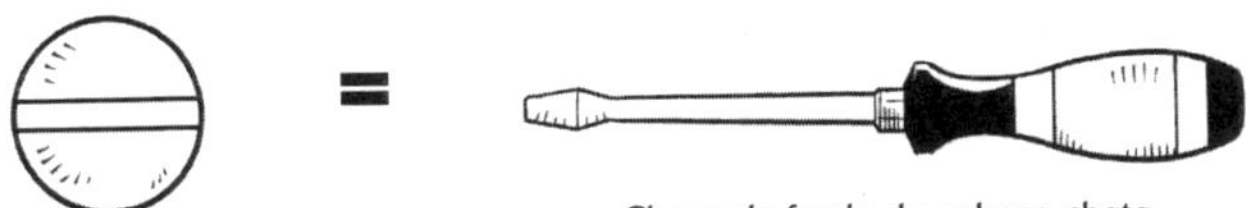

Chave de fenda da cabeça chata

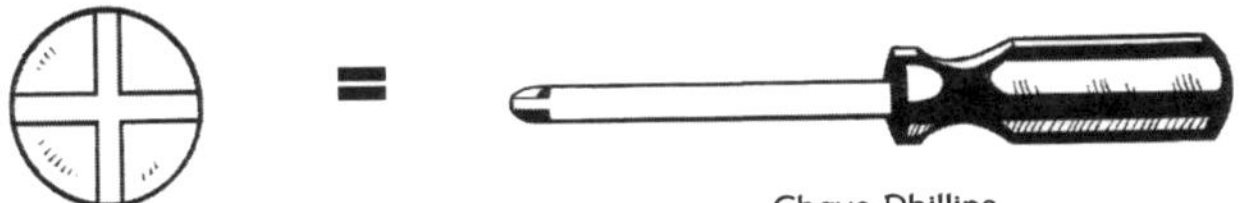

Chave Phillips

1. Segure o cabo da chave de fenda na mão direita (ou esquerda se você for canhoto).

2. Encaixe-a na fenda da cabeça do parafuso.

3. Vire a chave de fenda no sentido horário para apertar o parafuso. O ditado "Endireitar para apertar" vai lhe ajudar a lembrar para qual direção virar.

4. Continue virando a chave de fenda até que o parafuso fique fixo no lugar.

HABILIDADE 33

COLOCAR LINHA NA AGULHA

Antes de você consertar roupas, você precisa saber como colocar a linha na agulha.

1. Corte um pedaço de linha, mais ou menos do tamanho do seu antebraço.

FICA ESPERTO!

Dê uma lambidinha na ponta da linha, para umedecê-la, antes de tentar passá-la pelo buraco da agulha irá ajudar.

2. Segure a agulha de modo que você possa ver o buraco. Segure uma das pontas da linha e passe pelo buraco da agulha – isso pode lhe custar algumas tentativas.

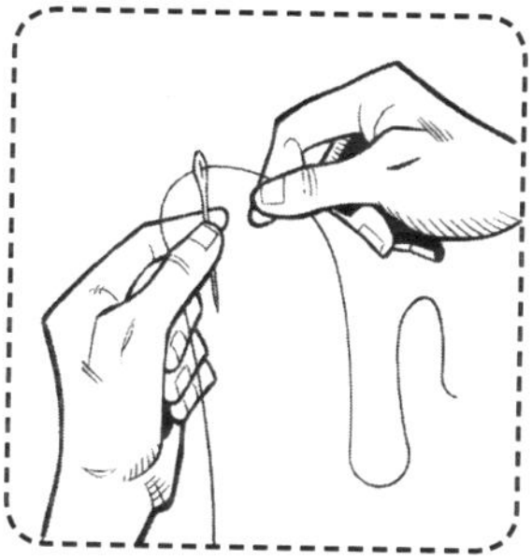

3. Quando a linha aparecer do outro lado do buraco, segure-a com a ponta dos seus dedos e puxe-a até que você tenha um fio de 5 a 10 cm do outro lado.

4. Faça dois nós, um em cima do outro, no final da parte mais longa da linha. Isso irá evitar que você puxe a linha toda através do tecido quando estiver costurando. Agora você está pronto para qualquer emergência de "corte & costura".

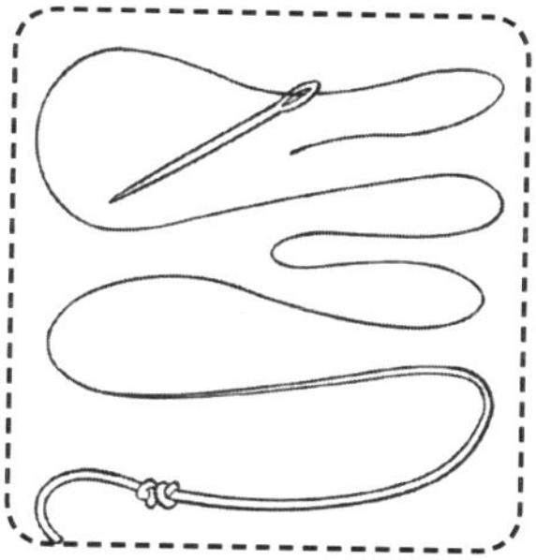

HABILIDADE 34

COSTURAR UMA ROUPA RASGADA

Jeans rasgados podem parecer legais, mas uma camiseta ou um casaco rasgados são bem cafonas, sinal de desleixo. Felizmente, se a roupa estiver rasgada ao longo da costura, é bem fácil de arrumar. Veja como:

1. Vire a camiseta do avesso e localize o rasgo na costura.

2. Com cuidado, junte as duas pontas do tecido, uma contra a outra.

3. Desvire a camiseta do avesso para verificar se a junção do tecido ficou boa na costura. Ajuste-a, se necessário.

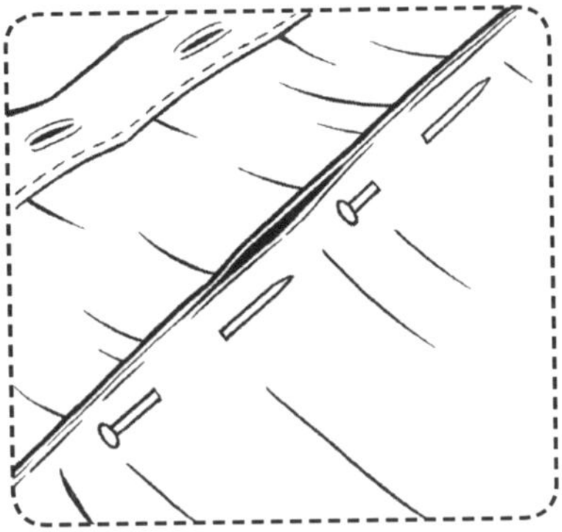

4. Pegue uma linha da mesma cor da costura da camiseta e coloque-a na agulha (veja Habilidade 33).

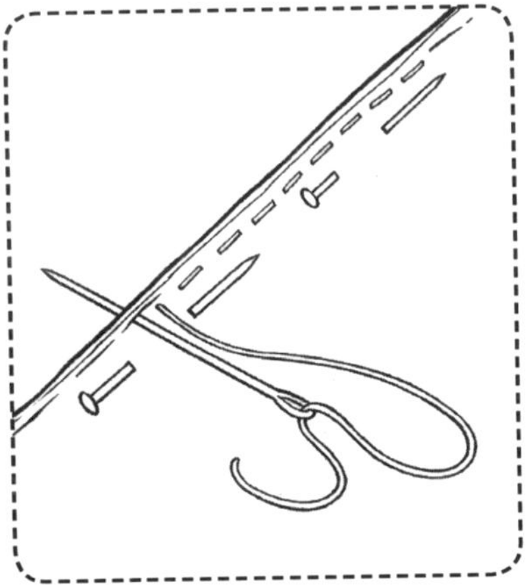

5. Trabalhando pelo lado de dentro da camiseta, comece a costurar um pouco antes do início do rasgo. Insira a agulha dentro da costura já existente, retorne a agulha para o outro lado um pouco à frente, e puxe-a até que toda a linha passe pelo furo. Deixe o começo do remendo firme, fazendo alguns nós em um só lugar.

6. Continue o movimento de baixo para cima em toda a extensão do rasgo – isso é chamado de ponto corrido. Tenha cuidado para não puxar demais a linha ou o tecido ficará enrugado.

7. Para ter certeza de que os pontos estão realmente firmes, você precisar fazer algo chamado "ponto sobre ponto". Entenda como fazer isso:

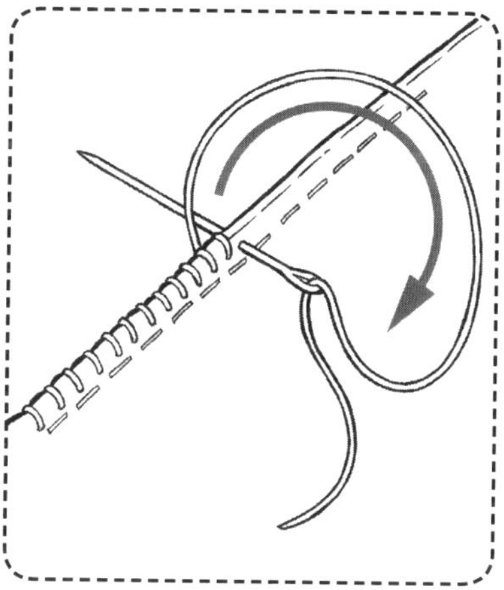

A partir de onde você terminou os pontos corridos, você vai voltar costurando na direção do "antigo" rasgo. Insira a agulha de um lado da costura, passe com a linha por cima da desta, pelo "lado de fora" do tecido, e coloque a agulha para dentro da costura, novamente, pelo mesmo lado do início, só que um pouco mais para baixo. Continue fazendo isso durante toda a extensão dos pontos corridos.

Para terminar, faça três ou quatro pontos pequenos um em cima do outro.

8. Puxe a linha bem forte e corte-a. Então, vire a camiseta para o lado correto e admire seu talento para a costura!

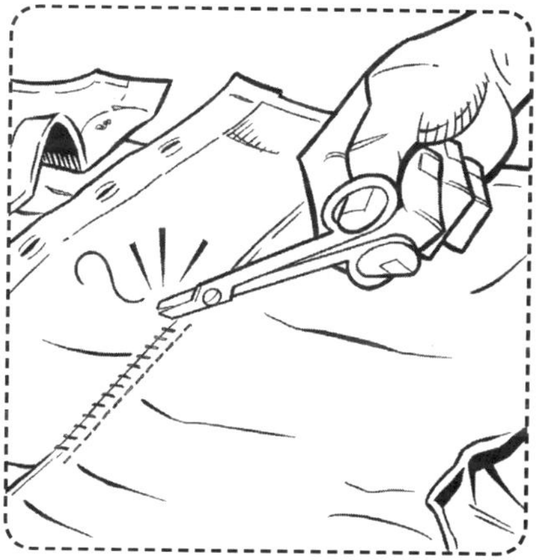

HABILIDADE 35

CONSERTAR PNEU FURADO

Um pneu furado é realmente chato – e ele não irá ficar cheio por mais ar que você coloque nele. Então siga estes passos para descobrir como consertar devidamente um pneu furado.

FICA ESPERTO!

Use o diagrama da roda de bicicleta mostrado na Habilidade 31 quando estiver lidando com um pneu furado. Isso vai ajudá-lo a identificar todas as partes da roda e a consertar o furo mais rápido.

VOCÊ VAI PRECISAR DE:

- o manual da bicicleta;
- um *kit* de reparo de pneu, incluindo: pedacinhos de borracha, cola, lixa, pedaços de pneu (opcional);
- uma tina com água;
- uma bomba de encher pneu de bicicleta;
- um pedaço de giz;
- um pano.

1. Primeiro você precisa verificar se o pneu está realmente furado e que ele não murchou por causa de uma válvula vazando.

Para testar a válvula e ver se ela está vazando, tire a tampinha da válvula do pneu murcho e mergulhe a válvula dentro de um copo com água.

Se você vir bolhas na água, a válvula está vazando e não é um furo que está causando a perda de ar no pneu. Nesse caso você precisa levar a bicicleta para uma oficina de reparo de bicicletas. Se não há bolhas na água, vá para o passo 2.

2. Olhe de perto o pneu murcho. Você consegue ver algum item cortante fincado nele? Se você conseguir vir algo pontudo nele, como um parafuso ou uma agulha, cuidadosamente tire-o do pneu, embrulhe-o em um jornal e jogue-o fora. Então siga para o passo 3.

3. Solte os freios. Isso é chamado "desconexão do freio" e você precisa procurar as instruções detalhadas de como fazer isso no manual da bicicleta.

4. Desaparafuse ou pressione a válvula do pneu para soltar qualquer resquício de ar que tenha sobrado dentro da câmara – o tubo que fica dentro do pneu. (Verifique no manual da sua bicicleta se você precisa pressionar ou desaparafusá-la.)

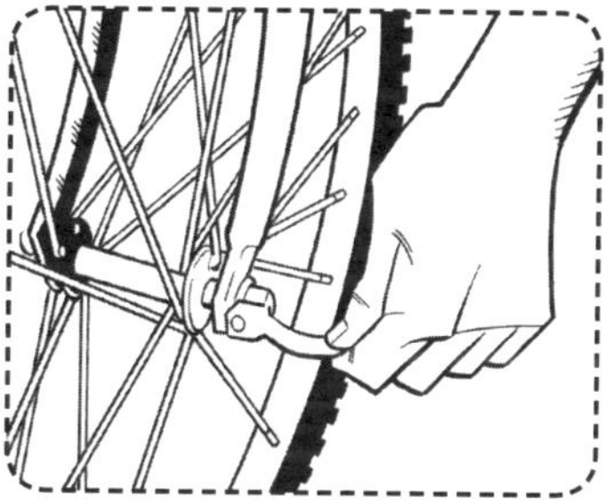

5. Tire a roda da bicicleta, empurrando a alavanca que existe do lado externo da roda justamente para este fim. Se a bicicleta não tiver uma alavanca como esta, olhe no manual para descobrir como retirar a roda.

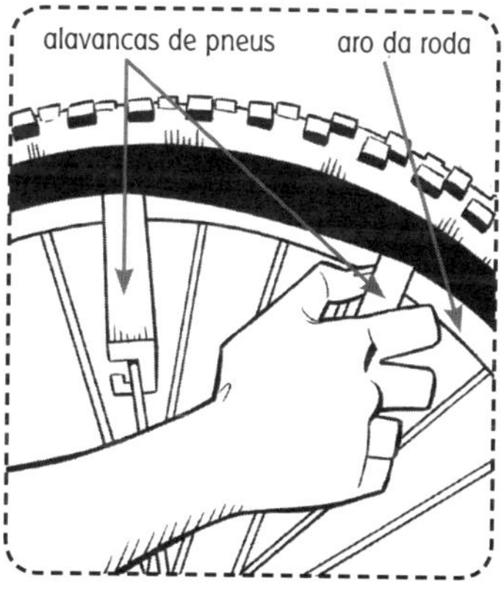

6. Cuidadosamente, retire a câmara que fica do lado de dentro do aro. Se você possui uma ferramenta própria para retirar o pneu, use-a também para remover a câmara. Empurre a válvula para cima e para fora do aro para não arriscar rasgar a câmara. Você pode precisar primeiro desaparafusar a válvula.

7. Agora você precisa achar o furo. Para fazer isso, segure a câmara na altura do seu ouvido e tente escutar o assobio do ar escapando ou, ainda, segure-a perto da sua bochecha e perceba se consegue sentir um sopro de ar saindo pelo furo.

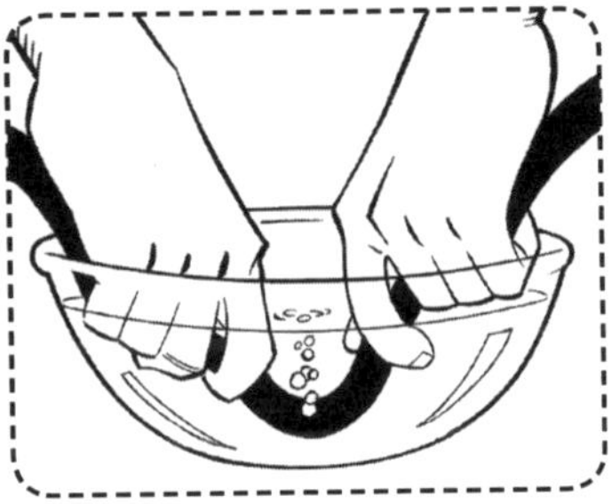

Se você não conseguir achar o furo dessas maneiras, mergulhe a câmara dentro de um recipiente com água e fique atento a bolhas. Elas são o indício de onde está o furo.

8. Marque a área do furo com o giz, assim você conseguirá achá-lo novamente. Então, use o pano para secar a câmara.

9. Esfregue a área ao redor do furo com a lixa para deixar a superfície áspera.

10. Espalhe um pouco de cola em cima do furo e espere até que ela esteja quase seca, mas ainda grudando quando você a toca.

11. Pegue um pedaço de borracha ou pneu e coloque um pouco de cola em sua superfície de contato. Espere também até que a cola esteja quase seca, mas ainda grudenta.

12. Coloque o remendo sobre o furo e segure-o fortemente por alguns minutos, para que fique firme no local.

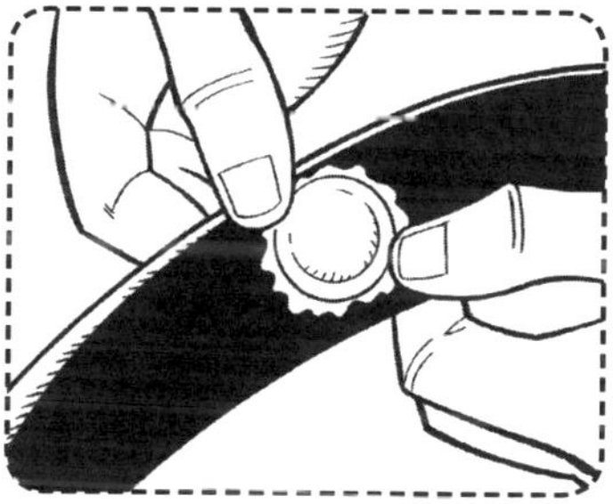

13. Alise-o para remover bolhas, e tire a película protetora que há em cima do remendo.

14. Use o giz para polvilhar a câmara com uma fina camada de pó, depositando bastante pó de giz ao redor do remendo para que ele não grude no lado de dentro do pneu.

15. Use a ferramenta adequada para separar o pneu do aro e procure lá dentro por vidros ou pregos. Cuidadosamente remova o que você achar, embrulhe-os em jornal e jogue-os fora.

16. Encha (somente um pouco) a câmara. Isso irá facilitar colocá-la de volta no aro.

17. Empurre parte da câmara para dentro do pneu. Tenha certeza de que a válvula está alinhada com o buraco do aro e, delicadamente, passe-a novamente pelo furo. Ela deve apontar para o cubo do aro.

18. Enfie o resto da câmara dentro do pneu e encha-o com ar até que ele fique firme.

19. Coloque a roda de volta na bicicleta, posicionando-a entre as sapatas do freio e travando a alavanca. Se a bicicleta não tiver alavanca, procure no manual como fazer isso corretamente.

20. Reconecte os freios da bicicleta – verifique no manual como fazer isso – e teste se os freios estão funcionando.

HABILIDADE 36

PREGAR UM BOTÃO

Siga esses passos para ter certeza que perder botões é coisa do passado.

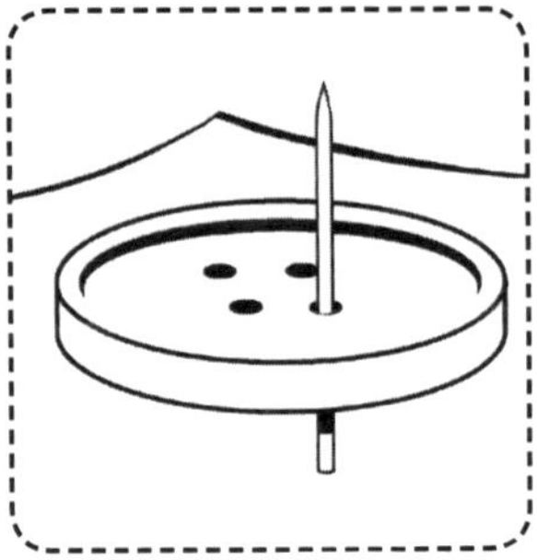

1. Escolha um novo botão e uma linha que combinem com os que estão na peça. Coloque aproximadamente 40 cm da linha que você escolheu na agulha (veja Habilidade 33).

2. Apoie o botão na roupa, na posição em que ele deve ser pregado. Com a agulha sendo inserida pelo lado de dentro da roupa, passe-a para o lado de fora através de um dos buracos do botão.

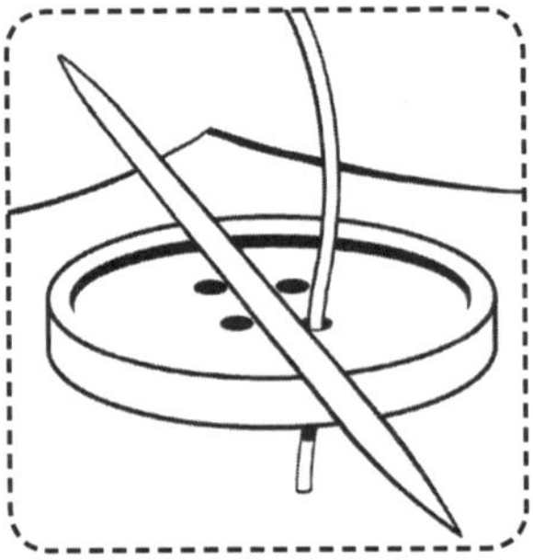

3. Encaixe um palito de dentes entre a parte de cima do botão e a linha usada para pregá-lo. Isso irá manter a linha mais frouxa e permitir que o botão se movimente o suficiente para ser colocado na casa.

4. Passe a linha por cima do palito, depois a insira no próximo buraco do botão, criando um pequeno arco e passando para o lado de dentro da roupa. Então, traga a agulha de volta para cima através do primeiro buraco.

5. Repita os passos 2 e 4, fazendo os mesmos movimentos três ou quatro vezes. Termine com a linha entre o botão e o tecido.

6. Tire o palito de dentes e puxe delicadamente o botão para formar um espaço abaixo dele. Enrole a linha ao redor dos fios que estão abaixo do botão, aproximadamente 20 vezes, para levantá-lo da superfície do tecido, conforme mostrado na figura.

7. Para firmar o botão, empurre a agulha de volta para baixo (para o lado de dentro do tecido), e faça vários pontinhos um em cima do outro.

8. Corte a linha que sobrou. Pronto, você terminou!

BOTÕES DE HASTE

★ Em vez de dois ou quatro buracos, seu botão pode ter uma alcinha de metal ou plástico na parte de trás dele – é o chamado botão de haste.

★ Se você precisar costurar um botão como esse, não precisa se preocupar com alguns dos passos anteriores.

★ Para começar, empurre a agulha através do tecido, vinda do lado de dentro da roupa, e passe-a através da alça que há atrás do botão.

★ Faça um pequeno ponto no tecido para ter certeza de que o botão ficará no lugar. Então, passe novamente a agulha pela alça detrás do botão e faça outro ponto em cima do primeiro.

★ Repita isso quatro ou cinco vezes, então finalize com os passos 7 e 8.

HABILIDADE 37

LAVAR UM CARRO

Quando você está precisando de um dinheirinho extra, por que não se oferecer para lavar o carro de alguém?

VOCÊ VAI PRECISAR DE:

- 1 par de luvas de borracha;
- 2 baldes;
- mangueira (opcional);
- sabão para carro;
- esponja;
- escova;
- uma flanela ou toalha limpa e macia;
- cera de carro;
- 2 panos limpos e secos.

1. Remova a primeira camada de poeira jogando água no carro com a mangueira ou com baldes cheios de água.

2. Encha um dos baldes com uma mistura de água morna e sabão próprio para carro e o outro, somente com água.

3. Usando as luvas de borracha, mergulhe a esponja na água morna com sabão. Comece limpando o teto e, então, vá descendo pelo restante do carro.

4. Não se esqueça de limpar os para-choques, os aros das rodas e embaixo dos limpadores de para-brisa.

5. As rodas são normalmente a parte mais suja do carro, então, lave-as por último. Use a escova para se livrar de qualquer sujeira impregnada na roda.

6. Toda vez que a esponja ficar suja, mergulhe-a no balde somente com água para enxaguá-la. Troque a água do balde se ela ficar muito suja.

7. Enxágue todo o sabão com a mangueira ou um balde com água.

8. Seque o carro com a toalha macia.

9. Pegue um dos panos secos limpos para aplicar um pouco de cera própria para carro. Passe-a devagar no capô do carro, com pequenos movimentos circulares. A cera irá fazer a pintura ficar opaca. Então, use o outro pano limpo para polir o capô até que o carro brilhe.

FICA ESPERTO!

Para uma limpeza extraespecial (e ganhar também algum dinheiro extra dos coroas), termine o trabalho aspirando os assentos e o chão de dentro do carro.

HABILIDADE 38

CAPTURAR UMA ARANHA

Seja um herói da vizinhança ao capturar e soltar aranhas sem medo. É fácil!

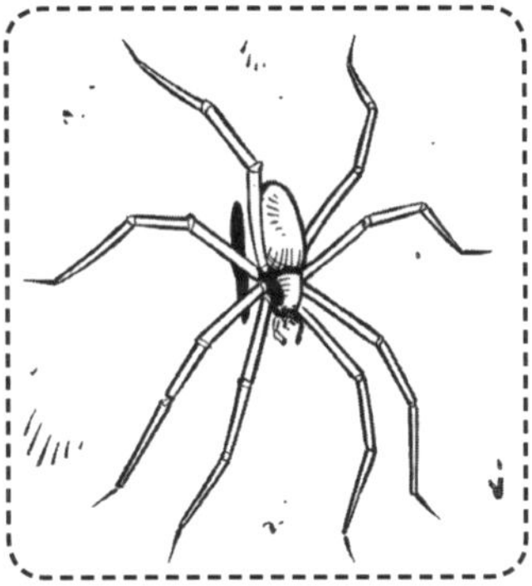

1. Espere até que a aranha esteja em uma parede, em uma janela ou em outra superfície plana.

2. Segure um pedaço de papel em uma mão e coloque um copo sobre a aranha – tome cuidado para não amassar as patas dela.

3. Espere a aranha andar em direção ao fundo do copo. Quando ela estiver lá, escorregue o papel para debaixo do copo, certificando-se de que a borda do copo esteja totalmente vedada.

4. Vire o copo de modo que o papel funcione como uma tampa para ele e, então, carregue-o para fora. Quando você estiver ao ar livre, apoie o copo de cabeça para baixo no chão.

5. Bata levemente no copo para que a aranha caia no papel, levante o copo e deixe o pequeno monstro ir embora.

HABILIDADE 39

LEVANTAR COISAS PESADAS

Não banque o super-herói ao levantar objetos pesados – você pode acabar machucando suas costas. Em vez disso, siga essas dicas espertas.

1. Analise bem o objeto que você irá levantar. Veja se ele possui alças para ajudar a pegá-lo. Se você acha que ele pode ser extremamente pesado, e se tiver uma forma diferente ou ruim de segurar, peça ajuda a um amigo.

2. Se você vai movimentar o objeto, trace sua rota com antecedência e remova qualquer coisa que possa estar no meio do caminho.

3. Uma vez que você tiver o caminho livre, fique em pé em frente ao objeto. Seus pés devem estar separados, posicionados na direção de seus ombros. Deixe uma perna um pouco à frente para que seu corpo fique bem equilibrado.

4. Dobre seus joelhos e, mantendo sua coluna o mais reta que puder, abaixe-se até que consiga pegar o objeto com firmeza. Pratique esse movimento, sempre com as costas retas, antes de pegar o objeto.

5. Deixe os músculos de suas pernas fazer o trabalho pesado quando você estiver levantando o objeto. Erga-se com um movimento suave e mantenha suas costas eretas.

6. Levante seus braços lentamente e mantenha o objeto perto de seu corpo para evitar sobrecarregar suas costas. Mantenha sua cabeça levantada, na linha do horizonte.

7. Dê passos curtos para chegar ao destino. Vá devagar. Caso você não consiga carregá-lo de uma só vez por todo o percurso, coloque o objeto no chão por um momento.

8. Quando você for colocar o objeto pesado no chão, separe seus pés e, novamente, use pernas e joelhos para fazer força e se abaixar. Mantenha suas costas o mais eretas que conseguir. Nunca se incline ou se vire para colocar o objeto no chão.

HABILIDADE 40

TESTAR UM DETECTOR DE FUMAÇA

Um detector de fumaça é uma das coisas mais importantes em um recinto. Ele pode salvar sua vida se houver um incêndio, ao lhe avisar que algo está pegando fogo. É vital testá-lo regularmente para se certificar de que ele está funcionando. Saiba como fazer esse teste.

1. Antes de testar o detector, avise todos no local sobre o teste.

2. Para alcançar o botão de alarme do detector de fumaça, use uma cadeira ou uma escada. Coloque-a em uma superfície lisa e plana, e peça para um amigo segurá-la com firmeza.

3. Procure o botão de teste no alarme. Ele, normalmente, é vermelho. Aperte-o.

4. Se o alarme estiver funcionando, você deve ouvir um "bip" ou um toque alto. Pode ser que ele toque a sirene, desligue e depois de algum tempo, reinicie.

5. Anote a data do teste e agende outro teste para a semana seguinte. Se ele não estiver funcionando, comunique a pessoa responsável e peça que o substituam urgentemente.

SE LIGA!

Nunca "empreste" a bateria de seu detector para outra coisa.

HABILIDADES LEGAIS

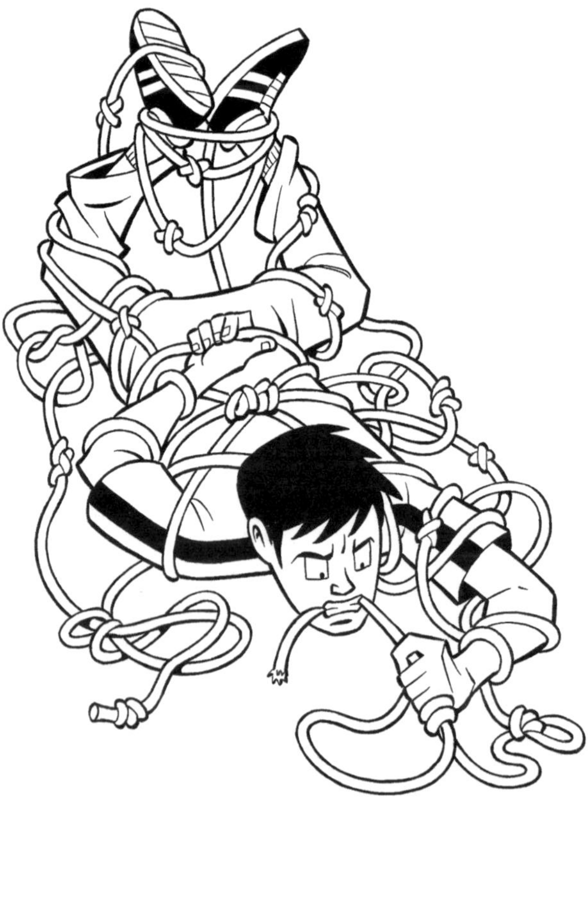

HABILIDADE 41

TIRAR UMA FOTO ÓTIMA

Seja você um feliz amador ou um cara que leva seus cliques a sério, é fácil aumentar a qualidade de suas fotografias. Você não precisa de um *kit* supercaro, apenas algumas dicas simples.

1. Se você estiver tirando fotos de pessoas, evite fundos com muitos elementos que possam desviar a atenção da foto, como plantas ou prédios que parecem que estão saindo da cabeça das pessoas... Esse tipo de fundo precisa ser evitado.

2. Quando for fazer fotos de prédios ou da natureza, varie os cliques e tire fotos em formato retrato (na vertical) – a maioria das pessoas costuma fazer as fotos em formato paisagem (na horizontal).

3. Tente ficar na mesma altura do objeto que será fotografado em vez tirar a foto de um ângulo estranho, como de cima ou de baixo.

4. Use o flash mesmo em dias ensolarados. Se você fizer isso, ele iluminara as áreas escuras ou com sombras (causadas justamente pela luz natural).

HABILIDADE 42

MONTAR UMA BARRACA

Antes de sair para uma aventura no *camping*, você precisa saber como montar uma barraca. Esteja muito bem preparado e pratique no jardim antes de ir. Lembre-se, cada barraca é diferente, então tenha sempre as instruções de montagem da sua barraca com você.

1. Escolha o lugar para montar a barraca, de preferência plano, sem raízes, sem pedras e também sem sinais de trilhas de animais ou ninhos. Tente não montar a barraca em um lugar muito baixo ou perto da água, pelo risco de inundação.

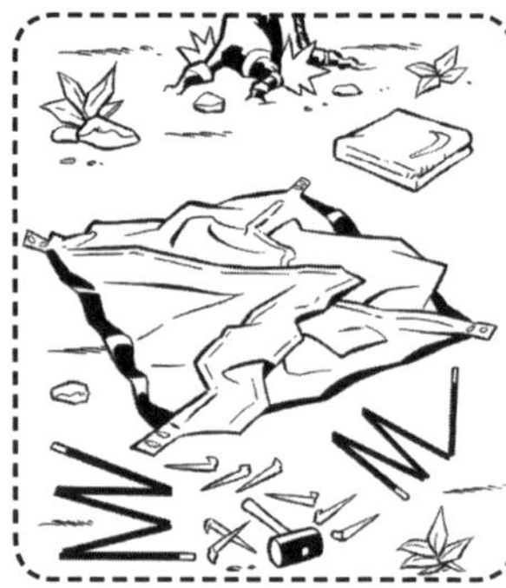

2. Coloque as partes da barraca e as instruções perto de onde você irá montá-la. Verifique se não falta nada (aliás, isso deveria também ter sido feito antes de sair de casa).

3. Se a barraca tiver uma lona para o chão, estique-a bem no local.

4. Estique bem a barraca em cima da lona, tenha certeza de que a entrada da barraca está fechada.

5. Monte todos os suportes de metal que a barraca requer e coloque-os na posição correta. Para muitas barracas, isso significa cruzar duas hastes e posicioná-las diagonalmente na lona, inserindo-as com cuidado através dos buracos no tecido da barraca.

6. Empurre as pontas das hastes através dos buracos nas extremidades da barraca e, cuidadosamente, arqueie as hastes, formando semicírculos.

7. Se a sua barraca tiver presilhas, prenda-as ao arco. Sua barraca agora deve estar tomando forma.

8. Encaixe as estacas nos buracos de cada um dos quatro cantos da barraca e enterre-as no chão em um ângulo de 45º. Você pode precisar usar um martelo para enterrá-las, se o chão for muito duro.

9. Para dar mais segurança à barraca e protegê-la da água, coloque a capa de chuva sobre a mesma. Certifique-se que a porta da capa esteja alinhada com a porta da barraca para que você possa entrar e sair facilmente.

10. Prenda as pontas da capa de chuva com estacas no chão. Procure por furos na capa e prenda-os no chão também, de modo que o tecido fique esticado.

11. Finalmente, por segurança, puxe as cordas da capa até que elas estejam esticadas e finque-as ao chão.

HABILIDADE 43

PREPARAR-SE PARA UMA PROVA

Provas não são tão complicadas como parecem. O segredo é sempre se preparar bem e com antecedência.

★ Leia com atenção a matéria e teste a si mesmo após cada página.

★ Tenha uma boa noite de sono antes da prova – isso irá lhe ajudar a ficar calmo.

★ Não se preocupe em revisar demais a matéria no último minuto – você não irá conseguir absorver tudo.

★ Arrume sua mochila com canetas e papéis na noite anterior, assim não precisará arrumar tudo correndo pela manhã.

★ Não deixe de tomar café da manhã antes da prova – você precisa alimentar seu corpo e também seu cérebro.

HABILIDADE 44

FAZER UM NÓ "VOLTA DO FIEL"

Um nó "Volta do Fiel" é um nó útil para amarrar cordas em postes, colunas, corrimãos e grades. Aqui ensinamos como fazê-lo.

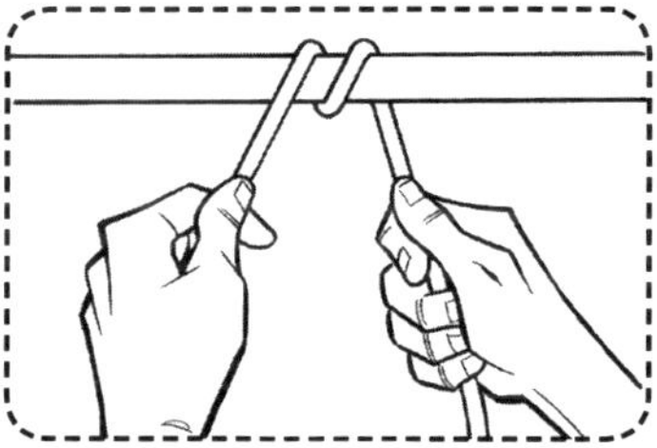

1. Enrole a corda duas vezes ao redor do cano, conforme mostrado.

2. Passe a ponta da corda que está na sua mão esquerda, cruzando-a para a direita pela frente do cano.

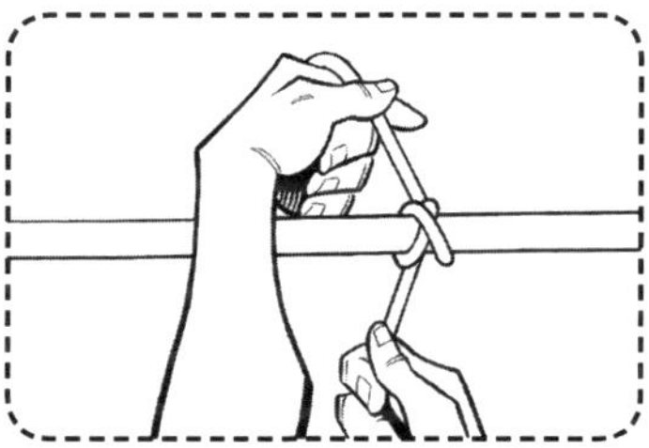

3. Não troque a mão que segura cada ponta da corda. Passe a ponta da corda que está em sua mão esquerda para trás do cano, e segure-a apontada para cima.

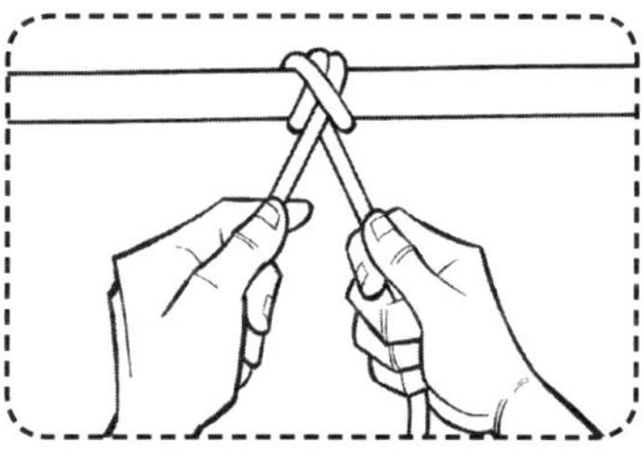

4. Então, pela parte da frente, passe a ponta da corda que está na sua mão esquerda dentro do arco formado pela corda já presa ao cano (você enfiará a ponta da corda entre a corda que está cruzada na frente do cano e o próprio cano). Puxe a corda com força, de modo que ela fique firmemente posicionada na frente do cano, como mostrado aqui.

HABILIDADE 45

TER BOAS MANEIRAS À MESA

É difícil evitar comer em frente à televisão, mas uma refeição à mesa pode também se tornar um problema. A próxima vez que você for se sentar à mesa, não esqueça desses FAÇA e NÃO FAÇA.

FAÇA: Sentar-se ereto.

NÃO FAÇA: Usar os seus dedos para dar uma ajudinha.

NÃO FAÇA: Pegar comida direto do prato do vizinho.

NÃO FAÇA: Falar com a boca cheia.

FAÇA: Colocar seu garfo e sua faca juntos, no canto do prato, quando você já tiver terminado de comer.

HABILIDADE 46

FALAR AO TELEFONE

Siga esses passos para ter certeza que estará sempre detonando no telefone.

1. Quando o telefone tocar, atenda e diga: "Olá".

2. Educadamente, pergunte quem está telefonando se você não reconhecer a voz.

3. Se estiverem telefonando para falar com outra pessoa, peça que espere, coloque o fone em uma superfície plana e vá avisar a pessoa (não é necessário gritar!).

4. Se a pessoa não puder atender, ofereça-se para anotar o recado.

5. Repita a mensagem para quem ligou para ter certeza de que você entendeu tudo corretamente. Sempre anote o nome e o número de quem telefonou, assim o contato será retornado.

6. Agradeça a quem telefonou, então espere que ele desligue o telefone primeiro e, então, desligue em seguida. Não se esqueça de passar o recado.

FICA ESPERTO!

Deixe sempre papel e caneta perto do telefone para que você possa anotar os recados.

HABILIDADE 47

ENCARAR UMA PLATEIA

É natural ficar nervoso antes de fazer uma apresentação para um grupo de pessoas. Por sorte, há muitas maneiras de liberar a tensão de enfrentar uma plateia. Leia abaixo para descobrir como.

1. Prepare o seu discurso com antecedência. Mesmo se você só tiver alguns minutos para isso, vá a algum lugar quieto para pensar.

2. Se você acha que decorar o discurso pode ser um problema, faça pequenas anotações em um papel, para lembrar-se dos pontos-chave. Tente não depender demais dessas anotações – olhar para o papel o tempo todo vai fazer você parecer inseguro.

3. Ensaie o discurso para você mesmo antes de dizê-lo na frente da plateia. Preste atenção especial em qualquer palavra longa ou complicada que você precise dizer – quanto mais você praticar, menor a chance de enrolar a língua quando for falar!

4. Quando você estiver falando, tente não ficar andando de um lado para o outro ou fazendo algum movimento impaciente (como um tique nervoso). Mantenha suas mãos longe da boca e fale devagar e claramente. Se você cometer algum erro, pare por alguns instantes para se recuperar.

5. Sorria e olhe em direção à plateia. Não tenha medo de fazer contato visual com pessoas na plateia.

HABILIDADE 48

ESCREVER UMA CARTA DE AGRADECIMENTO

Não se esqueça de agradecer todos os presentes que você receber. Aqui estão algumas dicas para fazer uma carta legal.

1. Escreva seu endereço no canto superior direito da carta e, depois, escreva a data abaixo dele.

2. No canto esquerdo escreva uma saudação carinhosa para a pessoa que está lendo a carta. Se você estiver escrevendo para um adulto use "Querido(a)" e aí o nome da pessoa.

3. Explique porque você está escrevendo a ele(a). Mencione o presente pelo qual você está agradecendo, diga "obrigado" e porque você gostou de ganhá-lo.

4. Acrescente alguns detalhes de como você está usando o presente ou o que você está planejando fazer com ele.

5. Conte em linhas gerais o que você tem feito desde que você encontrou a pessoa para quem você está escrevendo pela última vez, para ter certeza de que a sua carta seja interessante de ler.

6. Agradeça mais uma vez e use uma maneira informal de assinar, como "adoro você" ou "espero lhe ver logo". Então assine seu nome. Olhe a Habilidade 50 para descobrir como mandar a sua carta.

HABILIDADE 49

FAZER UM NÓ DE MARINHEIRO

O nó de marinheiro é geralmente usado para amarrar bandagens, porque é elegante e plano. Os antigos gregos o chamavam de "Nó de Hércules", já que ele é muito forte e eficiente. Aqui está como fazer um.

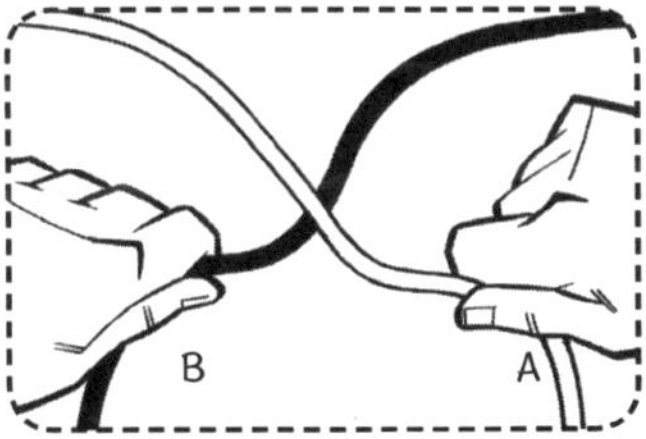

1. Pegue as duas pontas de uma corda e cruze a ponta A por cima da ponta B, como mostrado.

2. Passe a ponta A por baixo da corda do lado B, e segure-a apontada para cima. E levante a ponta B apontando-a para cima, como feito com a ponta A e está demonstrado ao lado.

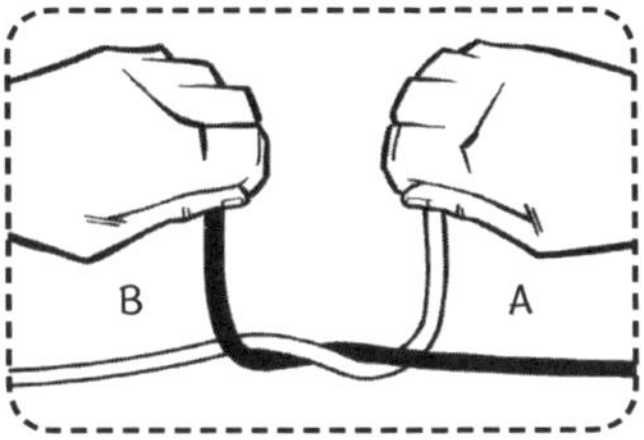

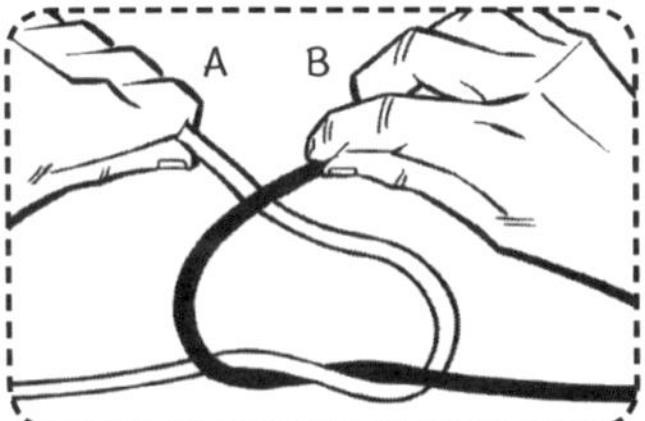

3. Então, cruze as duas pontas no ar, dobrando a ponta A em direção a ela mesma. Então dobre a ponta B, também por cima de si mesma, fazendo o mesmo movimento, porém em direção oposta. Observe que a ponta A cruza por trás da ponta B.

4. Enfie a ponta B por trás da corda do lado A, e puxe-a através do arco que se formou.

5. Puxe as duas pontas para apertar o nó.

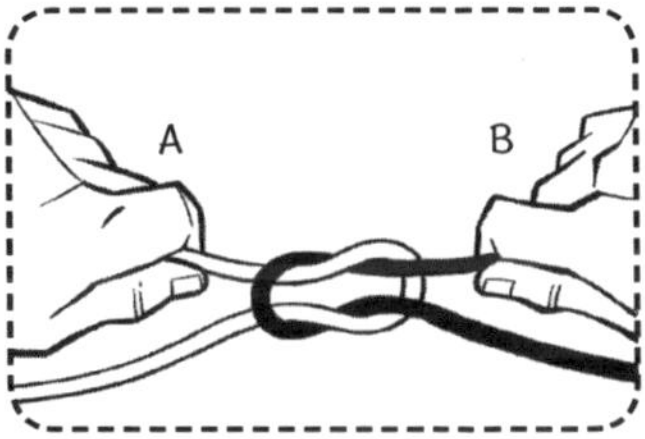

HABILIDADE 50

ENVIAR UM PACOTE

Siga o passos para ter certeza de nunca irá se meter em uma encrenca postal.

1. Ache um envelope grande o suficiente para acondicionar o item que você irá enviar. Se o item é frágil, certifique-se de que esteja bem protegido com plástico bolha ou jornal.

2. Antes de embrulhar o item, coloque o envelope vazio em uma superfície dura e plana.

3. Na frente, no centro do envelope, escreva o nome da pessoa para quem você quer enviar o envelope. Abaixo, escreva o nome da rua e o número da casa ou do prédio, em seguida o número do apartamento, se houver. Em outra linha, escreva a cidade seguida pelo estado e, então, o CEP.

4. Escreva seu nome e seu endereço na parte de trás do envelope, para que ele possa ser devolvido a você caso não chegue ao destino. Coloque a carta ou o item dentro do envelope.

5. Leve seu pacote até uma agência dos Correios para ele ser pesado, de modo que você possa comprar o selo de postagem correto.

6. Insira-o em uma caixa de correio e espere por notícias de que sua carta chegou ao destinatário.

HABILIDADE 51

FAZER UM NÓ LAIS DE GUIA

Este nó é muito usado em barcos e é, por vezes, chamado de "O rei dos nós" por causa da sua enorme utilidade. Ele pode até ser usado para resgatar pessoas que caíram em buracos ou lugares difíceis de alcançar. Siga esses passos para ajudar as pessoas com seu nó Lais de Guia:

1. Segure a corda com as duas mãos, posicionadas não muito distantes uma da outra e próximas ao centro da corda. Cruze as pontas da corda, deixando formar um pequeno arco entre elas.

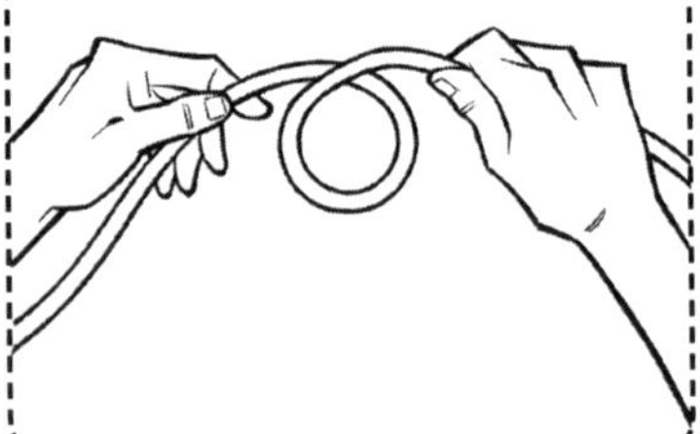

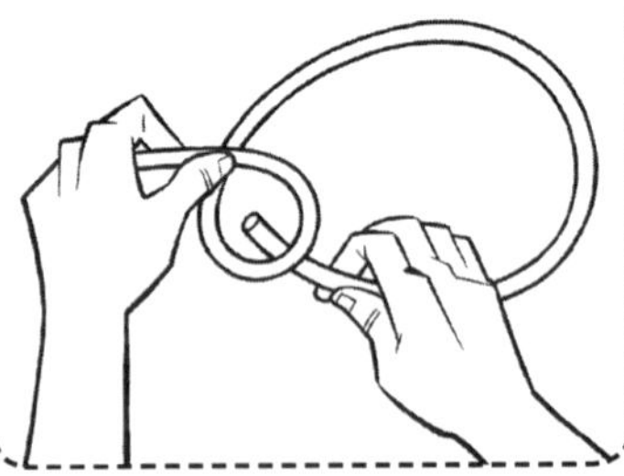

2. Traga a ponta da corda que cruzou pela frente de volta em sua direção, através do pequeno arco. Mas não puxe a corda completamente, deixe-a formar outro arco, só que maior.

3. Passe a ponta que você acabou de puxar para trás da outra ponta da corda.

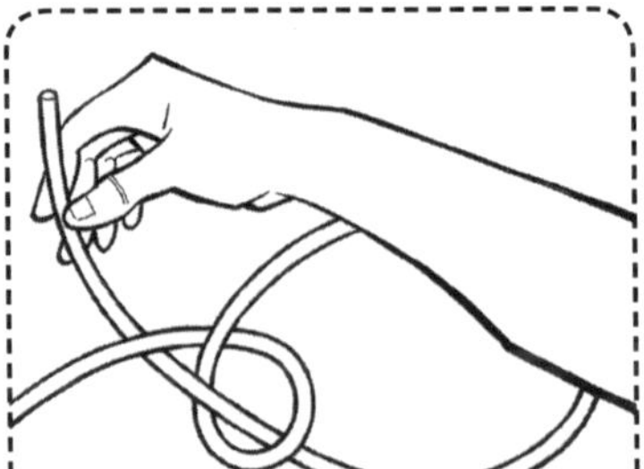

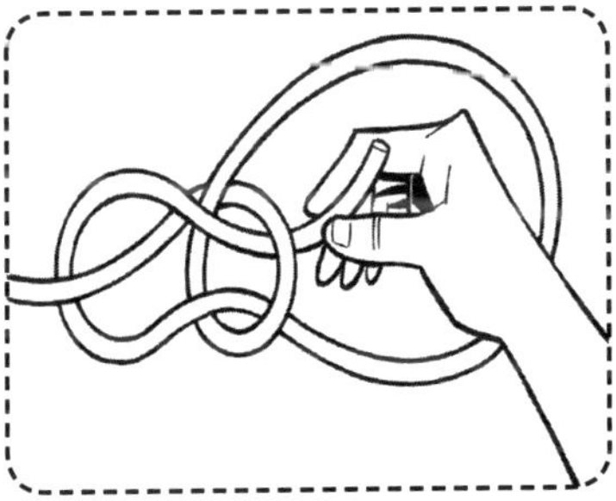

4. Traga essa ponta de volta para frente da corda e passe-a somente através do arco menor.

5. Segure firmemente a ponta menor da corda (essa que você está usando para fazer as "acrobacias") com o polegar e o indicador, pressionando-a contra o arco maior. Simultaneamente, puxe a outra ponta da corda (a ponta mais longa) para apertar o nó.

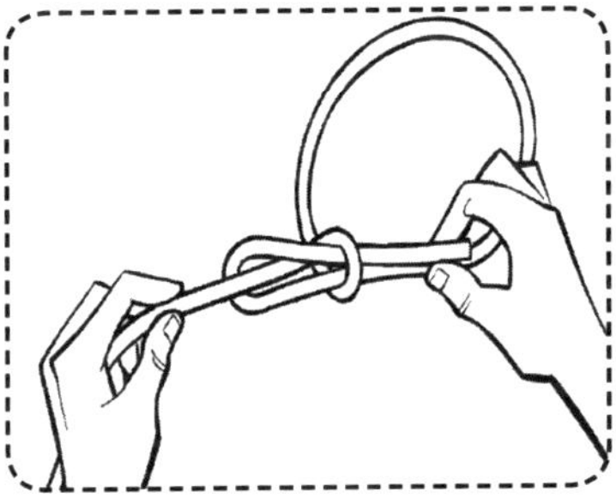

FICA ESPERTO!

Se você achar difícil lembrar como fazer um nó Laís de Guia, pode ajudar se você imaginar que a ponta da sua corda é uma toupeira. Para conseguir fazer um nó Laís de Guia, a toupeira precisa...

★ ... sair da sua toca (passo 2);

★ ... correr ao redor da árvore (passos 3 e 4);

★ ... entrar de volta na sua toca (passos 4 e 5).

HABILIDADE 52

EMBRULHAR UM PRESENTE

Quando for presentear alguém, às vezes um bonito pacote pode fazer toda a diferença. Siga estes passos para descobrir como embrulhar um lindo presente.

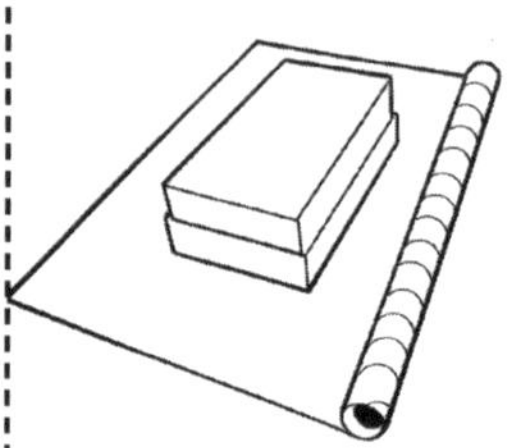

1. Se o seu presente tem uma forma difícil de embrulhar, coloque-o em uma caixa antes de começar.

2. Desenrole o papel de presente, estique-o e coloque a caixa com o presente em cima do papel, no centro.

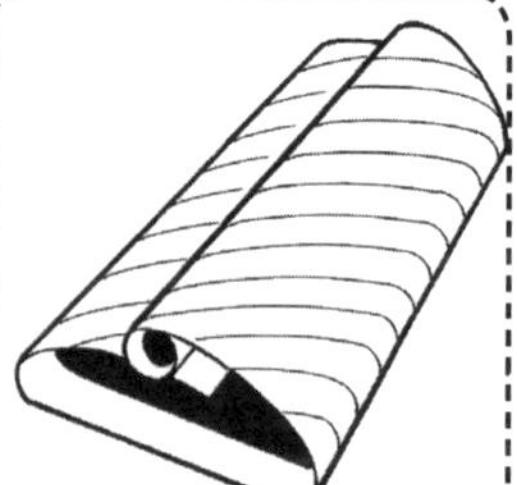

3. Cubra a caixa com uma das pontas do papel, trazendo-a até o meio da caixa. Faça o mesmo com a ponta do outro lado. Uma ponta deve sobrepor a outro cerca de 5 cm.

4. Se o papel for muito maior que a caixa, faça uma marquinha no papel onde você terá de cortá-lo. Corte o papel em linha reta, seguindo a marca.

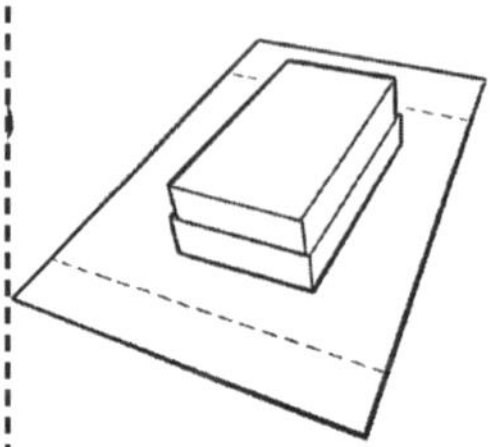

5. Na outra direção da caixa (nos lados menores), verifique se há papel suficiente para cobrir a caixa. Se houver papel em excesso, corte-o – dobrá-lo pode deixar a tarefa mais complicada.

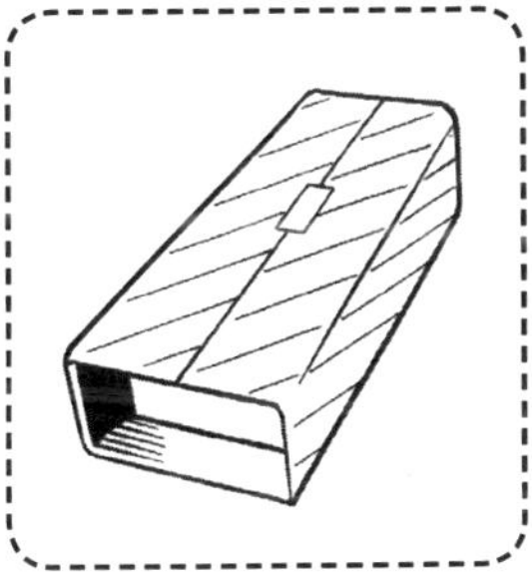

6. Traga uma das partes largas do papel para cima da caixa e, com seu dedo, segure-a no centro. Então, pegue a outra parte larga e puxe-a para cima também, de modo que as duas fiquem sobrepostas. Prenda uma na outro com fita adesiva.

7. Vire o sentido do pacote sobre a mesa para que um dos lados ainda abertos fique à sua frente. Dobre os lados do papel o mais para dentro que conseguir sem rasgá-lo e marque as dobras no papel para formar abas em cima e embaixo.

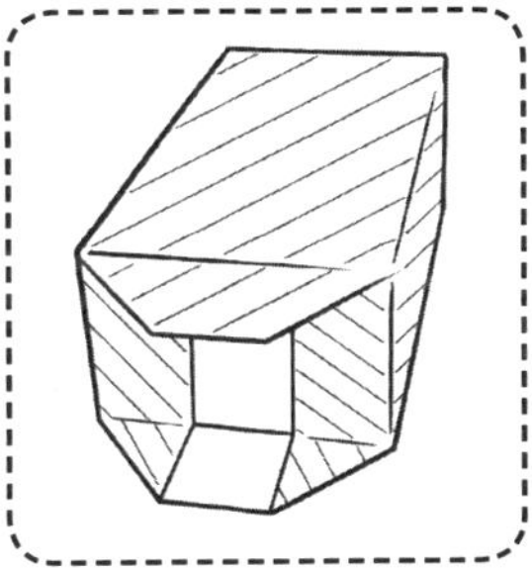

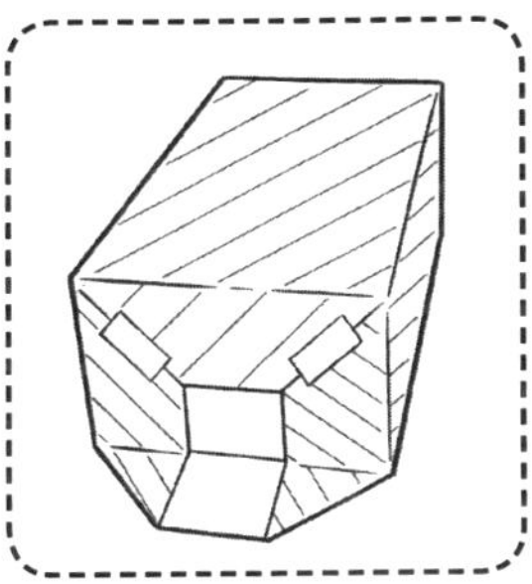

8. Dobre a aba de cima para baixo – ficarão abas nas laterais e coloque pedaços de fita adesiva em cada aba para prendê-las.

9. Dobre a aba de baixo para cima e, então, prenda com fita à caixa. O seu embrulho agora deve ter esse aspecto.

10. Repita os passos 7 a 9 no outro lado da caixa. Coloque um adesivo de presente "de/para" com o intuito de identificar que aquele presente foi você quem deu.

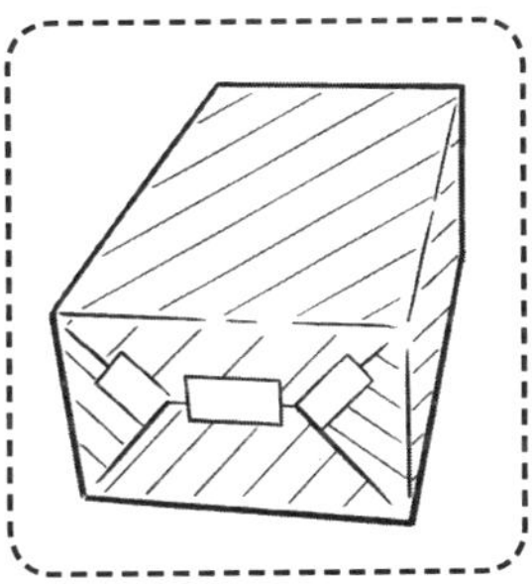

QUEBRA-GALHO EM CASA

HABILIDADE 53

ARRUMAR SACOLAS DE COMPRAS

Empacotar as compras no supermercado é muito bom para ganhar alguns pontos com seus pais. Aqui estão algumas dicas para ajudar você.

1. Leve suas próprias sacolas com você para o supermercado. Não é só bom para o meio ambiente, mas também pode economizar seu dinheiro (pois alguns lugares cobram pelas sacolinhas).

2. Quando for passar pelo caixa, pegue suas coisas e agrupe-as em categorias. Você pode dividi-las em grupos de comida congelada, coisas de casa não comestíveis, garrafas e itens frágeis, por exemplo.

3. Após todas as compras passarem pelo caixa, guarde os itens, respeitando os grupos, nas sacolas que você levou.

SACOLAS PERFEITAS

★ Embrulhe carne e itens congelados juntos, para manter a carne resfriada.

★ Coloque todos os produtos de limpeza e produtos químicos em uma sacola à parte, no caso de eles vazarem.

★ Espalhe os itens pesados na parte de baixo de várias sacolas. Se você estiver usando sacolinhas de supermercado, use duas sacolas, uma dentro da outra para acondicionar garrafas.

★ Deixe os itens frágeis, como ovos e frutas macias, para o final e coloque-os na parte de cima das sacolas para evitar que se quebrem ou amassem.

HABILIDADE 54

CUIDAR DE UM CACTO

Cactos são plantas caseiras muito legais e fáceis de cuidar também. Siga essas recomendações de FAÇA e NÃO FAÇA para se transformar no rei dos cactos.

1. FAÇA: Certifique-se que o cacto esteja recebendo muita luz. Coloque-o em uma janela ensolarada para que ele possa absorver o sol.

2. NÃO FAÇA: Cuidado para não se machucar com os espinhos! Seu cacto terá alguns espinhos realmente afiados, então, sempre segure-o pelo vaso e não pela planta.

3. FAÇA: Lembre-se de colocar água em seu cacto. Cuidadosamente verifique a terra, tocando-a com o dedo: se ela parecer completamente seca, coloque água na terra do vaso, despejando-a por cima.

4. NÃO FAÇA: Não coloque muita água no cacto. Essas plantas precisam de menos água que outras, pois estão acostumadas com condições desérticas. Verifique o solo e deixe-o secar completamente antes de colocar água novamente nele, senão o cacto pode morrer afogado!

HABILIDADE 55

REMOVER MANCHAS

Não deixe suas roupas mais legais serem arruinadas por manchas, respingos e sujeira. Descubra como se livrar delas.

MANCHA DE CHOCOLATE

★ Coloque a roupa manchada em um saco plástico. Depois coloque o saco dentro da geladeira e deixe lá até que o chocolate fique duro, então, raspe o chocolate com uma faca. Esfregue um pouco de sabão sobre a mancha e remova o que sobrou dela com água quente. Após isso, lave a roupa normalmente (veja Habilidade 60).

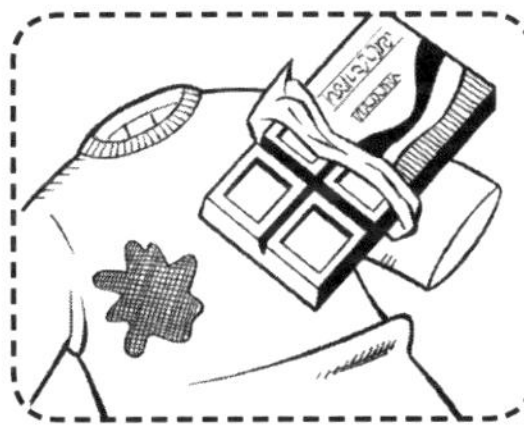

MANCHA DE TINTA

★ Se a mancha estiver em um tecido colorido, mergulhe-a em um balde com leite morno por alguns minutos, depois disso lave a roupa normalmente. Agora, se a mancha estiver em um tecido branco, cubra a mancha com sal, então, esfregue-a com suco de limão e depois lave-a normalmente.

MANCHA DE COLA

★ Peça a sua irmã ou a sua mãe um pouco de removedor de esmalte. Coloque um pouco dele em um pedaço de algodão e esfregue na mancha para removê-la. Depois disso lave a peça normalmente.

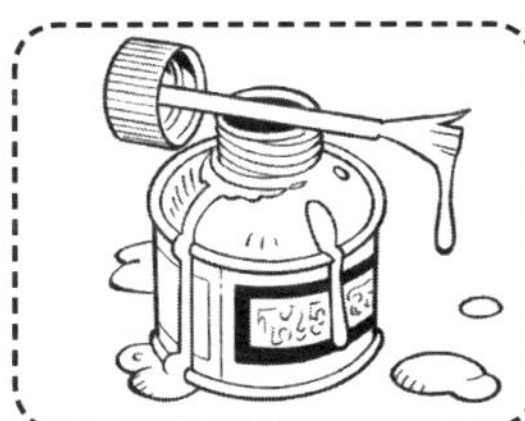

HABILIDADE 56

ARRUMAR O QUARTO EM CINCO MINUTOS

Arrumar o quarto não precisa ser demorado – especialmente quando você tem milhões de coisas mais legais para fazer. Você realmente só precisa de cinco minutos. Então, dispare o cronômetro!

1. Pegue as roupas sujas e coloque-as no cesto de roupa suja. Coloque as roupas limpas de volta no guarda-roupa. Veja Habilidade 74 para dicas de como dobrar as roupas.

2. Empilhe os papéis que você queira guardar em cima da sua escrivaninha. Junte canetas, lápis e borrachas em um estojo ou em um canto da escrivaninha para que eles fiquem todos juntos.

3. Arrume livros, DVDs e jogos de computador por ordem de tamanho nas prateleiras.

4. Leve qualquer louça suja para a cozinha para ser lavada mais tarde (veja Habilidade 63).

5. Arrume a cama. Ajeite o travesseiro e coloque seu pijama debaixo dele. Chacoalhe o edredom e arrume-o sobre a cama. Depois sente e relaxe no seu quarto arrumadinho!

HABILIDADE 57

ABRIR UM POTE DE GELEIA

Da próxima vez que você vir alguém lutando para abrir um pote de geleia ou palmito, por que não impressioná-lo usando o cérebro em vez da força bruta?

1. Coloque um pouco de água quente em uma assadeira. Só o suficiente para submergir a tampa do pote.

2. Com cuidado coloque o pote de cabeça para baixo na água – certifique-se que a tampa esteja submersa, mas que o pote não esteja coberto com água.

3. Espere cerca de um minuto.

4. Cuidadosamente, retire o pote e seque-o com papel toalha ou um pano de prato.

5. Seque suas mãos também.

6. Vire a tampa – você vai descobrir que ela abrirá facilmente. Se a tampa ainda estiver presa, coloque luvas de borracha para lhe ajudar a segurá-la melhor e tente novamente.

HABILIDADE 58

DESGRUDAR CHICLETE

Se você já foi premiado com um chiclete colado na sua roupa ou no seu sapato, você sabe que bagunça grudenta um chiclete pode causar. É quase impossível removê-lo com os dedos, mas um pouco de conhecimento faz toda a diferença nesses casos.

1. Coloque o tecido ou o sapato com o chiclete em um saco plástico e leve-o ao freezer. Se puder, deixe-o de um dia para o outro. Se você não pode esperar tanto tempo, deixe lá pelo menos duas horas.

2. Tire a peça do freezer. O chiclete vai ficar duro e congelado. Com cuidado, raspe-o com uma faca.

3. Se a roupa ou o sapato for muito grande para caber no freezer, coloque alguns cubos de gelo em uma sacola plástica e prenda a boca da sacola com um elástico para que os cubos não caiam.

4. Coloque a sacola com gelo em cima da área com o chiclete e espere até que ele endureça. Agora, você pode removê-lo com cuidado usando uma faca.

5. Use um pano limpo, encharcado com água e sabão para limpar a área e tirar quaisquer resquícios de chiclete. Após isso, deixe a peça secar.

HABILIDADE 59

PENDURAR ROUPAS NO VARAL

Dar uma folga à secadora não vai somente economizar eletricidade, pode também ajudar suas roupas a terem um cheirinho melhor e a durarem mais. Então, a próxima vez que o sol sair, prepare-se!

1. Peça a um adulto para ajudá-lo a arrumar o varal, se ele ainda não estiver no lugar.

2. Chacoalhe cada peça antes de pendurá-la no varal. Isso irá minimizar o aspecto de amassado.

3. Um dia quente e ensolarado é ótimo para secar roupas, mas o sol pode desbotar as cores e fazer roupas brancas ficarem amareladas. Vire cada peça do avesso para preservar tanto as roupas coloridas quanto as brancas.

4. Pendure camisas e camisetas de cabeça para baixo e estenda-as no varal colocando pregadores na costura das laterais.

5. Pendure as calças pelas pernas, não pela cintura, para que o vento possa secá-las mais facilmente.

6. Quando estiver pendurando lençóis, dobre-os ao meio sobre o varal e, então, coloque pregadores em cada ponta.

HABILIDADE 60

LAVAR ROUPAS

Lavar roupas é certeza de sucesso com seus pais! Então, fique seguro de estar fazendo a coisa certa, seguindo esses simples passos.

1. Divida as roupas em pilhas diferentes. Coloque todas as roupas brancas em uma pilha. Verifique atenciosamente a pilha das roupas brancas para ter certeza de que não há meias escuras escondidas em nenhum lugar. Depois, faça uma pilha de roupas coloridas claras e uma pilha separada de roupas coloridas escuras.

2. Cheque todos os bolsos e veja se não há moedas (se você tiver sorte), que podem estragar a máquina de lavar, ou lenços (se você tiver menos sorte), que podem cobrir sua roupa com bolinhas brancas.

3. Procure do lado de dentro de cada peça a etiqueta com as instruções de lavagem – você irá precisar! Consulte o próximo boxe para entender os símbolos mais comuns que você irá encontrar.

DECIFRE O CÓDIGO DA ETIQUETA

= Lave esse tecido, na máquina, na temperatura mostrada.

= Não lave a peça na máquina. Lave-a a mão, em água fria.

= Não lave a peça na máquina. Leve-a para uma lavanderia que faça lavagem a seco.

4. Mexendo novamente nas pilhas de roupas, separe-as em grupos menores de peças que podem ser lavadas na mesma temperatura.

5. Coloque o primeiro grupo de roupas na máquina de lavar e feche a porta.

6. A maioria das máquinas de lavar tem uma gavetinha na parte de cima. Abra a gaveta e encha-a com uma medida de sabão em pó e uma medida de tira-manchas. Verifique as instruções nas caixas de cada produto para ter certeza de estar usando a quantidade certa e colocar cada um deles no compartimento correto. Adicione uma tampa de amaciante na divisão da gavetinha destinada a ele.

7. Escolha o programa de lavagem da sua máquina mais adequado para o tipo de roupa que você irá lavar. Cada máquina é diferente, então preste muita atenção nos botões do modo que você vai utilizar. Peça ajuda a um adulto se você não tiver certeza de qual escolher.

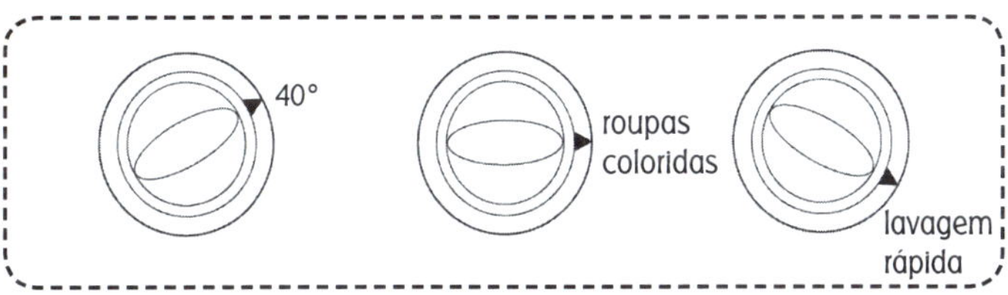

Escolha a temperatura para a lavagem.

Selecione o programa que corresponde ao tipo de lavagem que você irá fazer.

Se houver a opção de "lavagem rápida", escolha essa.

Pressione o botão de início e deixe que a máquina trabalhe até terminar seu ciclo de lavagem. Veja a Habilidade 59 e descubra como pendurar as roupas no varal para secar.

HABILIDADE 61

USAR O RESTINHO DOS PRODUTOS

Seja amigo da natureza e siga essas dicas ecológicas para aproveitar até a última gota de tudo o que você usa.

★ Quando produtos acondicionados em garrafas estiverem acabando, guarde-os de cabeça para baixo para conseguir usá-los até as últimas gotinhas.

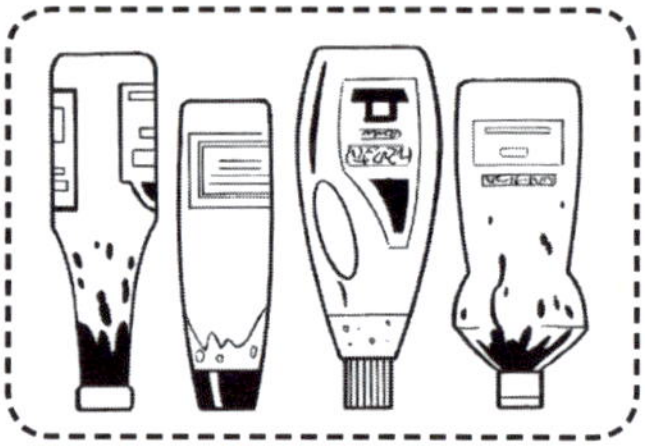

★ Tire todo o restinho dos tubos enrolando-os firmemente desde a ponta. Use um clipe ou um pregador para segurar o tubo e mantê-lo dobrado no mesmo lugar.

★ Quando os tubos estiverem realmente no final da vida útil deles, cuidadosamente, corte a parte de cima com uma tesoura e você irá descobrir que ainda há produto lá dentro.

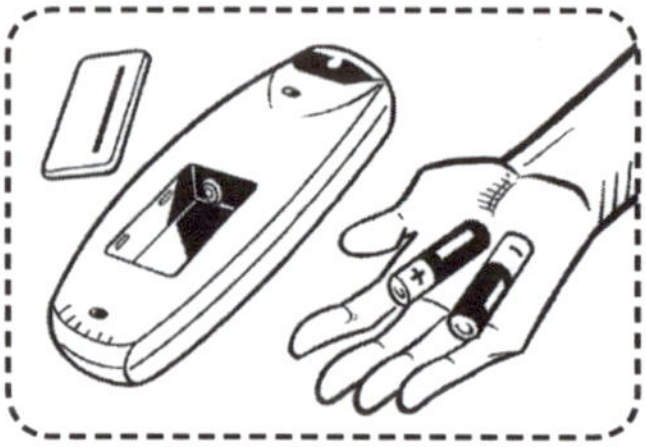

★ Quando as pilhas estiverem acabando, consiga que elas durem mais um pouco tirando-as do aparelho, esfregando-as nas mãos e depois colocando-as de volta.

HABILIDADE 62

ARRUMAR A MALA

Você acha chato arrumar as malas para viajar em um feriado ou junto do pessoal da escola? Siga esses passos para uma arrumação de mala super-rápida.

1. Pense no lugar em que você vai, por quanto tempo vai ficar e o que você irá fazer lá. Por um acaso você vai precisar de algum equipamento especial?

2. Faça uma lista de tudo o que você deve levar com você, tire esses itens do armário e coloque ao lado da mala.

3. Dobre as peças grandes, como jeans e calças sociais na metade e coloque-as na parte de baixo da mala. Dobre casacos e camisetas e coloque-os em cima das calças.

4. Enrole as meias e coloque-as dentro dos sapatos. Eles podem ser colocados nos cantos da mala com as solas viradas para fora.

5. Os produtos líquidos têm de ser colocados em sacolas plásticas. Tanto eles quanto os itens frágeis devem ficar no meio da mala. Por segurança, envolva-os com as peças de roupa.

FICA ESPERTO!

Você vai pegar um avião? Sua mala será despachada, então leve no avião uma mala pequena com você, contendo: uma escova de dente e roupas íntimas extras, para emergências caso sua mala seja perdida.

HABILIDADE 63

LAVAR A LOUÇA

Chega uma hora que você não tem mais desculpa e precisa lavar a louça. Aqui você aprende como fazer isso de forma simples.

1. Tampe o ralo da pia e encha-a até a metade com água morna. Adicione um pouco de detergente à água.

2. Teste com a ponta dos dedos se a água está muito quente. Vista luvas de borracha antes de começar.

FICA ESPERTO!

Mergulhe as panelas sujas em água com sabão para soltar a comida impregnada nelas antes de lavá-las.

3. Coloque tudo o que você está lavando perto da pia. Separe tudo o que você colocou na boca – elas vão precisar da água mais quente. Isso significa lavar copos e canecas primeiro; depois, talheres; na sequência, pratos; e, finalmente, panelas.

4. Mergulhe na água da pia cada item que você irá lavar e então use uma esponja para esfregar a sujeira e limpar a louça. Enxágue tudo em água limpa por alguns segundos para tirar a água com sabão.

5. Coloque os itens limpos no escorredor de louça. Use um pote para colocar os talheres para secar.

6. Troque a água se ela ficar muito suja ou fria.

HABILIDADE 64

LIMPAR JANELAS

Ganhe muito dinheiro fazendo com que as janelas brilhem de tão limpas.

SE LIGA!

Nunca limpe o lado de fora de janelas que estiverem acima da altura do andar térreo. Deixe essas para um adulto limpar.

1. Comece pelo lado de fora das janelas. Encha um balde com água morna e adicione um pouco de detergente nela.

2. Coloque luvas de borracha. Mergulhe uma esponja no balde, então aperte-a para tirar o excesso de água.

3. Esfregue a esponja no vidro da janela, fazendo movimentos laterais.

4. Use um rodo pequeno, próprio para limpar janela, para retirar o excesso de água. Então, seque a janela com um pano macio – faça movimentos circulares sobre o vidro e ele irá brilhar.

FICA ESPERTO!

Limpe as janelas em um dia nublado. O sol pode fazer o vidro secar muito rápido e deixar manchas nele.

5. Repita os passos 2 a 4 do lado de dentro da janela. Não se esqueça de forrar o chão com jornais velhos para não molhá-lo.

HABILIDADE 65

TIRAR A MESA

Mostre o quanto você gostou do jantar se oferecendo para limpar a mesa.

1. Espere até que todos tenham terminado de comer antes de começar a limpeza – ninguém gosta de ter seu prato retirado quando ainda está de boca cheia. Se você não tiver certeza se alguém ainda está comendo, pergunte.

2. Retire um prato por vez. Fique de um lado da mesa e não incline o prato para colocar as sobras de um no outro. Se você fizer isso, poderá espirrar alguma coisa no colo de alguém.

3. Quando você ficar mais confiante, pegue dois ou três pratos de uma só vez, um em cima do outro, deixando todos os talheres juntos em cima deles – mas não exagere. Leve os pratos para a cozinha e jogue fora os restos de comida no lixo.

4. Pegue copos e canecas, em seguida. Carregue uma caneca em cada mão pela alça ou um copo em cada mão pela parte de baixo, e leve-os até a cozinha, onde você pode jogar fora as sobras de líquidos na pia. Use um pano úmido para limpar a mesa e o jogo americano ou chacoalhe a toalha no cesto de lixo.

HABILIDADE 66

TIRAR O PÓ COMO UM PROFISSIONAL

Livre-se da poeira super-rápido com estas dicas fáceis.

1. A poeira tende a cair para baixo quando mexemos nela, por isso, comece sempre pela prateleira de cima ou pelo ponto mais alto no quarto. Desse modo, você não vai acidentalmente recobrir áreas limpas com poeira.

2. Leve tudo o que você conseguir carregar – como tapetes e almofadas – para fora de casa e chacoalhe-os ao ar livre para tirar a poeira. Use raquetes de tênis para bater neles se você realmente quiser acabar com a poeira.

3. Não tire o pó somente ao redor dos objetos – isso deixa um rastro de poeira para trás. Em vez disso, seja detalhista e levante cada objeto da mesa ou das prateleiras. Tire o pó do objeto e da superfície abaixo dele antes de, cuidadosamente, devolvê-lo ao local.

4. Use um pano de tirar pó limpo e macio e faça movimentos lentos com ele na área que você está limpando. O objetivo é pegar a poeira com o pano – não jogá-la no ar, então faça isso devagar e com cuidado.

5. Não deixe a poeira ficar presa dentro de casa. Abra uma janela ou uma porta e chacoalhe o pano de vez em quando fora de casa.

HABILIDADE 67

SEPARAR O LIXO RECICLÁVEL

Reciclagem é um ótimo jeito de fazer a sua parte pelo meio ambiente e reduzir o lixo. Desenvolva bons hábitos seguindo o guia abaixo.

ANTES DE COMEÇAR

Certifique-se sobre o que pode ou não ser reciclado – procure no site da prefeitura da sua cidade se você não tiver certeza.

1. Para que você e sua família ajudem o planeta de maneira descomplicada, determine em casa um lugar para depositar os itens recicláveis. Use uma caixa grande (peça a um adulto ou verifique se você tem alguma disponível em casa) e coloque-a perto do lixo da cozinha.

2. Para ter certeza de que todos na sua casa sabem o que pode e o que não pode ser reciclado, cole com fita adesiva uma lista de itens recicláveis ao lado da caixa.

3. Descubra que dia o lixo reciclável é recolhido na sua rua e certifique-se de colocar a caixa para fora – diante da sua porta ou na lixeira – antes da hora da coleta.

Alguns recicláveis precisam de preparação especial antes de irem para a caixa. Leia a seguir para descobrir mais.

VIDRO

★ Enxágue cuidadosamente todas as garrafas e os potes que acondicionavam comida ou bebida. Seque-os bem e coloque-os delicamente na caixa da reciclagem.

★ Use sempre luvas de borracha, quando estiver lidando com vidro, para proteger suas mãos caso eles quebrem.

★ A maioria das tampas é feita de um material diferente e não reciclável, então, separe-as e coloque-as no lixo comum.

METAL

★ Lave as latas de comida e as latinhas de bebida. Tome cuidado pois os cantos podem ser afiados.

★ Amasse as latas para ocupar menor espaço possível na caixa da reciclagem. Certifique-se de que as latas estão completamente vazias antes de fazer isso.

PAPEL E PAPELÃO

★ Dobre e rasgue caixas de cereal e outras caixas de papelão para que elas ocupem menos espaço.

★ Qualquer papel ou papelão que tiver resíduos de comida ou sujeira grudada nele não poderá ser reciclado. Rasgue ou corte esses pedaços e jogue-os no lixo comum, depois coloque as partes limpas na caixa da reciclagem.

HABILIDADE 68

ORGANIZAR A LAVA-LOUÇAS

Você sabia que organizar a lava-louças é uma verdadeira arte? E que isso significa poder ter as louças limpas mais rapidamente?

A PARTE DE BAIXO

1. Encha a parte de baixo da lava-louças primeiro.

2. Remova os restos comida dos pratos e coloque-os nos lugares destinados a eles.

3. Coloque os talheres no cesto, com as lâminas das facas apontando para baixo.

4. Certifique-se de que a hélice existente abaixo da parte superior pode girar livremente.

A PARTE DE CIMA

5. Coloque copos e xícaras de cabeça para baixo na parte de cima. Tenha certeza de que os copos altos cabem no espaço, antes de empurrar a parte para dentro da lava-louças.

6. Certifique-se de que objetos pequenos não caiam da parte de cima para baixo durante o funcionamento da lava-louças.

NÃO FAÇA: Não coloque nada plástico, como tampas, embaixo da lava-louças pois podem derreter.

FAÇA: Economize água ao utilizar a lava-louças somente quando ela estiver cheia.

NÃO FAÇA: Não coloque facas grandes na lava-louças, é melhor lavá-las (com cuidado) na mão. Veja Habilidade 63 para algumas ótimas dicas de lavagem.

NÃO FAÇA: Não coloque na lava-louças nada que não esteja marcada como "seguro para lava-louças", como talheres de prata, cristais e pratos caros. Pergunte a um adulto se você não tiver certeza.

FAÇA: Espere até que a lava-louças termine o processo de lavagem. Incline-se para trás quando abrir a porta, pois haverá uma nuvem de vapor quente que poderá escaldá-lo.

FAÇA: Esvazie a parte de baixo primeiro, pois ao mexer na louça pode cair água dos itens de cima.

HABILIDADE 69

COLOCAR UMA CAPA DE EDREDOM

Colocar uma capa de edredom não precisa ser um jogo de paciência. Transforme-se no "mestre do edredom" com este guia muito fácil de seguir.

1. Estique o edredom na cama, então, vire a capa de edredom limpa do avesso e estique-a sobre o edredom – certifique-se que os botões estão desabotoados!

2. Coloque seus braços dentro da capa até que você alcance os cantos da costura que estão mais longe.

3. Segure as pontas de cima do edredom enquanto continua com as mãos dentro da capa, então, chacoalhe a capa para baixo para que ela desça e envolva o edredom.

4. Coloque as outras duas pontas do edredom para dentro da capa.

5. Abotoe os botões e dê uma chacoalhada final no edredom para acomodá-lo melhor, antes de esticá-lo em cima da cama.

HABILIDADE 70

ASPIRAR O QUARTO

Aqui está um modo testado e aprovado de colocar um sorriso no rosto de seus pais: limpar o chão do seu quarto!

1. Tire livros e roupas do chão. Guarde o que você conseguir e coloque o resto em cima da cama.

2. Coloque o aspirador de pó no meio do quarto e ligue-o na tomada. Solte uma boa quantidade de fio e você poderá se mover livremente pelo quarto sem arrancar o *plug* da tomada.

3. Ligue o aspirador de pó na potência máxima. Coloque a vassourinha mais larga, com cerdas que toquem o chão.

4. Empurre as cerdas contra o chão, movendo o aspirador em um vaivém. Lembre-se de limpar embaixo da escrivaninha, da cadeira e da cama.

5. Desligue o aspirador de pó e troque a vassourinha pela ponta pequena e inclinada (mostrada aqui), para que você possa limpar cantos, rodapés e cantoneiras do quarto.

6. Quando terminar, desligue o aspirador de pó, desconecte-o da tomada e recolha o fio. Não se esqueça de guardá-lo!

HABILIDADE 71

DOBRAR UM LENÇOL GRANDE

Pegue um amigo como "copiloto" ou peça para sua mãe, seu pai, seu irmão ou sua irmã para ajudá-lo, então, siga esses passos sobre como dobrar um lençol muito rápido.

1. Abra o lençol todo e estique-o na cama ou em uma mesa grande.

2. Segure o lençol pelas duas pontas de baixo e peça a seu ajudante para segurar as pontas de cima.

3. Levante o lençol da cama e afaste-se um pouco do seu ajudante, para que o lençol se estique.

Os próximos passos são para ser feitos entre você e seu ajudante. Dê um aviso ou diga "Vai!" antes de fazer cada passo para ter certeza de que vocês dobrarão ao mesmo tempo.

4. Junte suas mãos para que as pontas que você está segurando se unam e o lençol seja dobrado na metade.

5. Continue segurando as pontas juntas com uma mão, mas tire sua mão direita do lençol e peça a seu ajudante para tirar a mão esquerda do lençol.

6. Pegue o lado de baixo com a sua mão livre e peça a seu ajudante para fazer o mesmo. Puxe o lençol para que ele fique esticado. Em seguida, traga essa mão para cima junto com a outra.

7. Segurando as pontas, uma em cada mão, andem em direção um ao outro até que fiquem bem perto e o lençol forme um "U". Peça a seu ajudante que segure as pontas de cima do lençol enquanto você se abaixa para pegar as de baixo.

8. Ande para trás novamente para esticar o lençol dobrado e repita os passos 4 a 8 até que o lençol esteja totalmente dobrado.

HABILIDADE 72

VARRER FOLHAS

Se o jardim está a perigo de desaparecer sob um carpete de folhas do outono, impressione seus pais com este modo supereficiente de varrê-las.

1. Vista blusa de manga comprida, luvas e um *jeans* grosso para se proteger de pedacinhos duros e secos de folhas.

2. Escolha um dia seco com uma brisa leve.

3. Usando um ancinho forte e grande, recolha as folhas, mesmo as que estiverem longe. Basta apoiar os dentes do ancinho no chão e arrastá-lo em direção a você. Faça várias e pequenas pilhas de folha.

4. Estique um lençol velho ao lado da pilha, então use o ancinho para arrastar as folhas em cima dele.

5. Levante as quatro pontas do lençol, formando uma trouxa para acomodar as folhas dentro dele. Leve-o até a lixeira e chacoalhe-o para despejar ali as folhas.

6. Continue até que você tenha varrido todo o jardim.

FICA ESPERTO!

Se você não tiver uma lixeira especial para lixo orgânico, coloque as folhas em sacos de lixo e amarre as bocas deles. Pergunte a um adulto para confirmar se as folhas serão coletadas pela empresa correta.

HABILIDADE 73

LIMPAR O CHÃO

Aqui está como fazer para se tornar um ás em limpar o chão.

1. Antes de limpar, aspire o chão para tirar a poeira acumulada.

2. Coloque luvas de borracha e encha um balde pela metade com água morna. Acrescente um pouco de produto especial para limpar o chão. Leia as instruções na caixa e descubra o quanto colocar.

3. Mergulhe o esfregão no balde para umedecê-lo. Se o esfregão tiver uma alavanca, puxe-a para tirar o excesso de água das cerdas. Se não tiver, torça o esfregão no balde com suas mãos.

4. Se o seu esfregão for parecido com um rodo, só que com uma esponja na ponta, movimente-o em vaivém como se estivesse varrendo o chão. Agora se ele for um esfregão "tradicional", com longas cerdas, movimente-o em círculos como se fizesse um "oito" no chão.

5. Comece na extremidade oposta da sala e venha caminhando em direção à porta para não pisar na parte do chão que você já limpou. Continue mergulhando o esfregão no balde e torcendo-o conforme você limpa o chão.

6. Troque a água do balde se ela ficar muito suja e não ande pelo chão até que ele seque.

HABILIDADE 74

GUARDAR SUAS ROUPAS

Siga essas dicas ótimas para dobrar as roupas e tenha certeza de que irá sempre parecer esperto e pronto para qualquer coisa.

O *TOP* EM DOBRAR CASACOS E CAMISETAS

1. Vire casacos, camisetas e polos de modo que elas estejam com a parte da frente para baixo, apoiada em uma superfície plana.

2. Pegue uma manga e dobre-a, levando junto parte da lateral da camiseta, na direção do meio das costas da camiseta. Dobre-a sobre a costura do ombro de modo que a manga aponte para baixo, como mostrado.

3. Repita o passo 2 com a outra manga.

4. Dobre o corpo da camiseta ao meio, mantendo as mangas internamente. A camiseta vai estar em uma forma parecida com um retângulo, coloque-a em uma gaveta.

O GÊNIO DO *JEANS*

1. Estique o *jeans* (ou qualquer calça social), colocando-os sobre uma superfície plana. Dobre-o ao meio, no sentido da largura da calça, deixando uma perna em cima da outra, como mostrado ao lado.

2. Dobre a calça na metade, no sentido da altura, e pendure-a em um cabide no guarda-roupa.

SAGAZ COM CAMISAS

1. Pendure as camisas limpas em um cabide, colocando uma camisa por cabide. Alise a camisa com as mãos para ter certeza de que nenhuma parte fique amarrotada.

2. Feche um ou dois botões para que ela não caia. Pendure o cabide no armário.

MEIAS DE ESPECIALISTA

1. Busque os pares entre as meias limpas.

2. Pegue um par, segure as meias pela costura da ponta e enrole-as juntas, formando um rolinho.

3. Mantenha todos os pares de meias enroladinhos e organizados em uma gaveta.

PRONTO PARA EMERGÊNCIAS

HABILIDADE 75

REMOVER UMA FARPA

Enfiar uma farpa de madeira sob a pele não é só chato – mas também dói. Siga esses passos para remover as farpas de forma simples e sem dor.

1. Use uma lupa ou um espelho para ajudá-lo a examinar a farpa e ver exatamente onde ela está.

2. Lave suas mãos, principalmente a área ao redor da farpa, e seque-as com cuidado com toalha de papel.

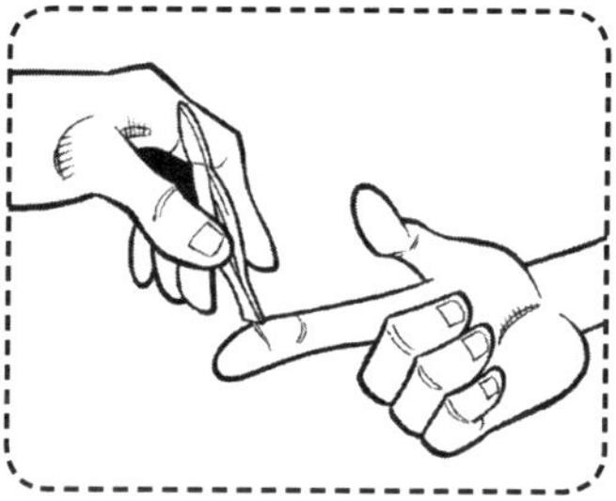

3. Use uma pinça limpa para retirar a farpa. Faça isso pressionando bem abaixo de onde a pontinha da farpa está aparecendo. Posicione a pinça em torno da farpa e, devagar, puxe-a para fora.

4. Após tirar a farpa, coloque a área sob água corrente para eliminar sangue ou pedacinhos de farpa. Seque e coloque um pouco de antisséptico na área.

FICA ESPERTO!

Se você não conseguir tirar a farpa, tome um banho quente. O vapor vai abrir os poros e facilitar a operação " retirada da farpa".

HABILIDADE 76

LIGAR PARA SERVIÇOS DE EMERGÊNCIA

Se você alguma vez tiver de ligar para o 190 (192 ou 193), é importante saber o que fazer para que a ajuda chegue o mais rápido possível. Aqui estão algumas dicas úteis.

1. Decida se você precisa ligar para o 190. Você só deve ligar se houver fogo, se a vida de alguém está em perigo, ou se um crime sério está acontecendo. Ache um lugar um seguro para você antes de ligar.

2. Não entre em pânico. Serão feitas a você várias perguntas e as suas respostas podem salvar vidas. Fale claramente e dê o maior número de informações possível, respire profundamente para ajudar a se manter calmo.

3. Diga a pessoa com quem você está falando se você precisa do bombeiro, ambulância ou polícia. Dê o seu nome e o número de telefone do qual está ligando para que eles possam ligar de volta para você.

4. Diga onde a emergência está acontecendo. Se você não sabe exatamente o endereço, tente dar um nome de rua ou um ponto de referência que você consiga ver como uma loja ou um restaurante.

5. Sempre siga as instruções do operador treinado e espere que a ambulância, o bombeiro ou o carro de polícia chegue.

FICA ESPERTO!

Não importa de onde você ligar para os números de emergência, os telefonemas são sempre gratuitos! Mas lembre-se, o Skype não faz chamadas de emergência!!!

190 = Polícia
192 = Samu
193 = Bombeiros

HABILIDADE 77

TRATAR PICADA DE ABELHA

Ser picado por uma abelha pode realmente estragar um lindo dia de sol. Saiba como lidar com uma picada.

1. Remova o ferrão com o auxílio de uma pinça, da unha ou até fazendo alavanca com um cartão ou uma régua. Nesse caso, esfregue sua "ferramenta" contra a picada, fazendo um movimento de cavar.

2. Lave a área da picada com água e sabão. A área ao redor da picada pode estar inchada e latejando. Não se preocupe, isso é normal. Coloque cubos de gelo ou uma bolsa de gel congelada sobre a área para aliviar essas sensações.

3. Peça a um adulto um pouco de pomada para queimadura, esfregue-a na pele. Enrole uma atadura na área. Se você foi picado no braço ou na perna, levante o membro para reduzir o inchaço.

4. Se você tiver febre, se sentir mal, se não conseguir respirar direito ou se sua língua, seus olhos ou seus lábios incharem, peça ajuda imediatamente.

HABILIDADE 78

AMARRAR UMA TIPOIA

Se um amigo machucou o braço, você pode ajudar a diminuir a dor que ele está sentindo ao fazer e colocar nele uma tipoia.

1. Pegue um grande tecido quadrado e dobre-o ao meio, na diagonal, para formar um triângulo.

2. Peça ao paciente para segurar o braço machucado em frente ao peito, dobrando o cotovelo.

3. Coloque o tecido embaixo do braço machucado, apoiando, e com a base do triângulo voltada para os dedos do paciente. Uma das pontas mais distantes vem pela frente e apoia sobre o ombro do paciente e a outra, vinda detrás, passa ao redor do pescoço dele.

4. Delicadamente puxe a parte lateral do tecido para cima, ao redor do braço, envolvendo-o para dar sustentação.

5. Dê um nó nas pontas da tipoia, prendendo-a atrás do pescoço do paciente. Verifique se a tipoia não está muito apertada. Você deve conseguir ver os dedos do paciente saindo da tipoia.

6. Dobre para cima o resto do tecido que está no cotovelo e prenda-o com um alfinete ou esparadrapo, como mostrado aqui.

HABILIDADE 79

DESENGASGAR UMA PESSOA

Se um amigo começar a se engasgar com um pedaço de comida, você precisar agir rápido.

1. Diga a ele para tossir – isso pode ser o suficiente para desobstruir a passagem de ar.

2. Se seu amigo não consegue limpar a garganta forçando uma tosse, posicione-se atrás dele. Explique que você vai tentar desengasgá-lo dando cinco tapas nas costas dele.

3. Com cuidado, incline o corpo de seu amigo para a frente e dê cinco tapas fortes nas costas dele com a parte final da palma da mão (aquela parte mais gordinha, já próxima ao pulso). Verifique, após cada golpe, se ele desengasgou. Repita o processo caso seja necessário.

4. Se você não conseguiu desengasgá-lo, peça a seu amigo que fique calmo e ligue para 193 (veja Habilidade 76).

SE LIGA!

Se a pessoa que está engasgada não puder falar ou respirar, não tente desengasgá-la sozinho. Chame um adulto e ligue para 193 imediatamente.

HABILIDADE 80

TRATAR UM CORTE

A não ser que você viva em uma bolha, cortes e arranhões vão acontecer. Aprenda como tratá-los para que cicatrizem rápido.

SE LIGA!

Se o corte for profundo ou maior que 1 cm, chame um adulto e vá ao médico em vez de tentar tratá-lo sozinho. Você pode precisar de pontos que só podem ser feitos por um profissional habilitado.

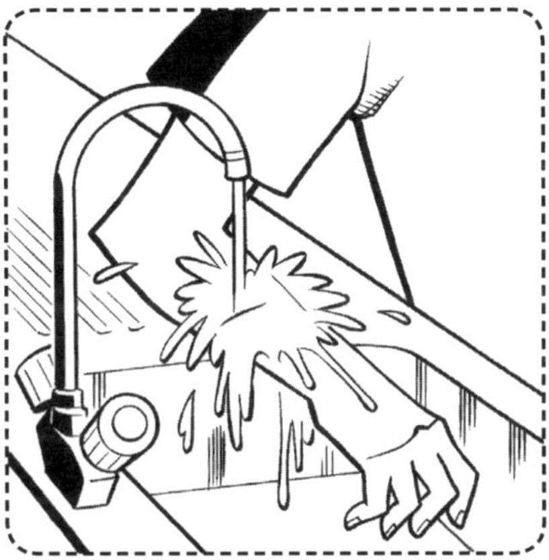

1. Lave e seque suas mãos muito bem para minimizar o risco de infecção.

2. Coloque a área do corte sob água corrente (de preferência morna). Isso irá ajudar a limpar o ferimento. Se você vir farpas ou pedaços de vidro dentro do corte, peça ajuda a um adulto para tirá-los.

3. Se o corte ainda estiver sangrando, com um pano limpo, aplique pressão sobre ele para diminuir o fluxo de sangue.

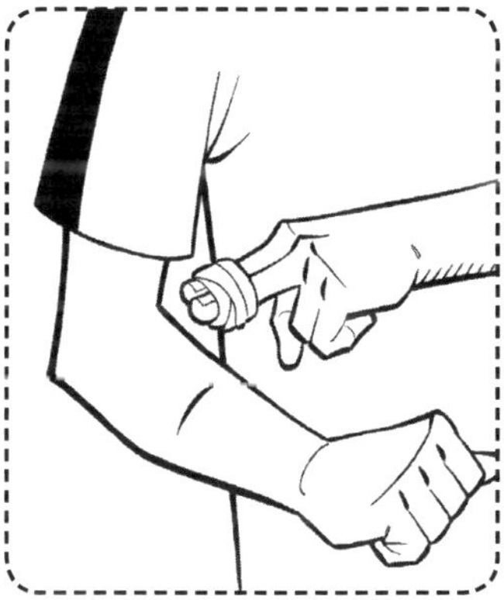

4. Use um pedaço limpo de tecido para tampar a área ao redor do ferimento. Não use nada felpudo que possa deixar fiapinhos no corte.

5. Com cuidado, coloque um pouco de mertiolate ou antisséptico no corte e na pele ao redor dele.

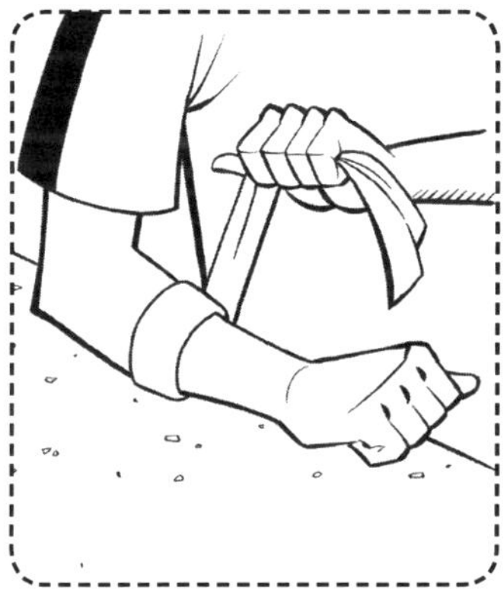

6. Coloque um esparadrapo sobre o corte, certificando-se que esteja completamente coberto.

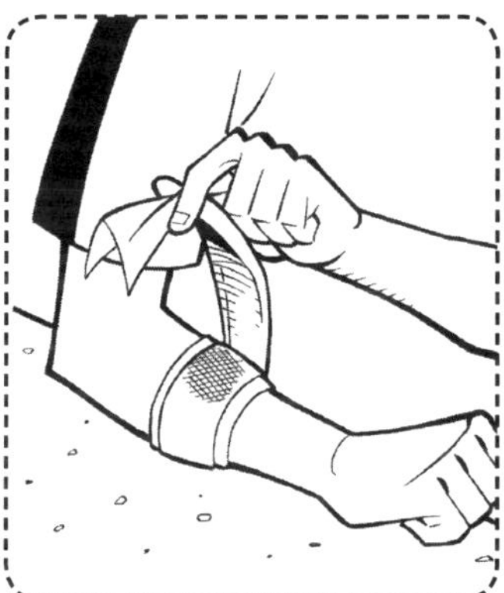

7. Se o sangue vazar através do primeiro curativo que você colocou, ponha outro em cima dele.

SE LIGA!

Se o sangue jorrar através do segundo curativo também, tire os dois e coloque curativos novos. É importante que você então procure um médico, para ver se você precisa de pontos para ajudar o corte a cicatrizar.

HABILIDADE 81

SOCORRER ALGUÉM

Se alguém está inconsciente, colocá-lo na posição de recuperação vai garantir que ele possa respirar enquanto espera por uma ambulância. Pratique os passos abaixo com um amigo, para estar bem preparado na hora H.

SE LIGA!

A posição de recuperação é a melhor maneira de manter uma vítima em segurança até que a ajuda médica chegue. Entretanto, se você acha que a pessoa pode ter machucado a coluna, em uma queda, por exemplo, movê-la pode piorar a situação. Se você se deparar com uma situação como essa, então espere a ambulância chegar e fale com os paramédicos.

1. Ajoelhe-se perto da vítima e mova os braços dela para a frente do corpo. Mantenha os braços flexionados, como um L, apoiando as costas da mão (do braço debaixo) no chão, e juntando palma com palma.

2. Agora pegue delicadamente a mão da vítima que está em cima, dobre mais o braço e coloque a mão em baixo da cabeça da vítima. Sua palma da mão deve estar contra a palma dela. Traga a mão dela de modo que as costas da mão estejam contra o rosto dela. Não tire sua mão.

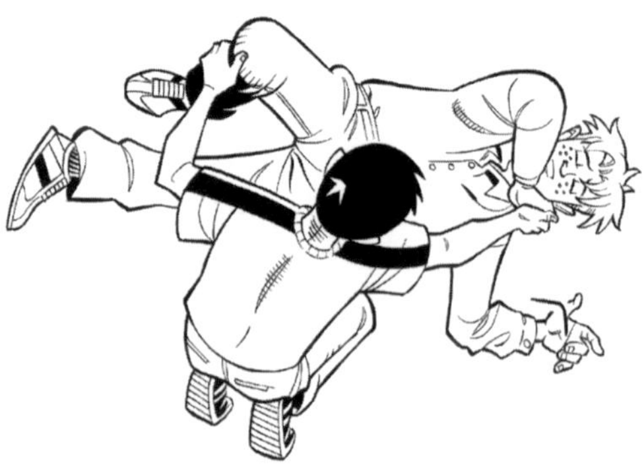

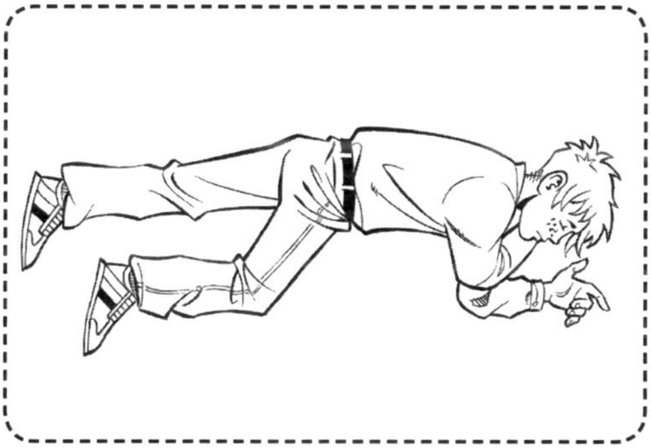

3. Puxe o joelho de cima da vítima para cima, de modo que o pé dela fique apoiado no chão. Mantenha sua mão no joelho da vítima, gire-a delicadamente na sua direção, deitando-a de lado, conforme mostrado.

4. Cuidadosamente tire sua mão debaixo da cabeça da vítima e afaste a cabeça dela um pouco para trás, certificando-se que ela possa respirar bem.

5. Fique calmo e permaneça ao lado da vítima até que a ambulância chegue. Diga aos paramédicos o que aconteceu.

SE LIGA!

Se você for fazer esse socorro para valer – e não apenas praticando com um amigo – ligue para 193 antes de começar a mexer na vítima (veja Habilidade 76).

HABILIDADE 82

MEDIR A PULSAÇÃO

Medir um pulso vai mostrar a você o quão rápido o coração de uma pessoa está batendo. É uma habilidade para primeiro socorros muito útil, porque pode revelar mais sobre os ferimentos da pessoa. Entenda como medir seu próprio pulso.

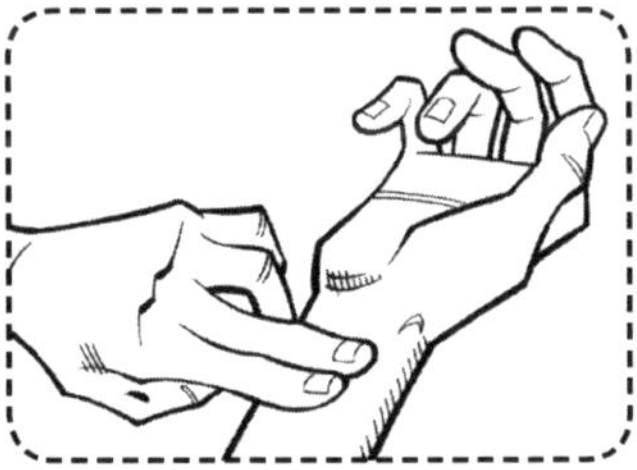

1. Segure uma mão com a palma virada para cima. Mantenha seu braço relaxado.

2. Apoie seus dedos, indicador e médio, no lado interno do pulso, bem abaixo da junta onde a mão encontra o braço. Você irá sentir os batimentos em seu pulso. Esses batimentos são, na verdade, o sangue correndo sob sua pele.

3. Quando você achar o lugar ideal para sentir sua pulsação, mantenha pressão constante no lugar com seus dedos e conte o número de batimentos que você sente em dez segundos. Multiplique o número que você conseguir por 6 para descobrir quantos batimentos seu pulso faz por minuto.

FICA ESPERTO!

Se você não consegue sentir seus batimentos pelo pulso, coloque seus dedos, indicador e médio, ao lado do pescoço abaixo da mandíbula.

Você sabia? Os batimentos de um coração em repouso (quando você acabou de acordar pela manhã) podem variar entre 60 e 100 batidas por minuto, para crianças. Se o seu batimento cardíaco estiver diferente disso, conte a um adulto.

HABILIDADE 83

MANTER-SE SEGURO EM UM INCÊNDIO

Se você alguma vez estiver em meio a um incêndio, siga esses passos para manter-se fora de perigo.

1. Assim como em qualquer emergência, fique calmo. Se você entrar em pânico, terá mais chances de fazer algo errado que possa colocá-lo em perigo.

2. Saia do prédio, ande rapidamente, mas não corra, pois você pode tropeçar. Não leve nada com você – é mais importante salvar sua vida do que seu jogo de computador favorito! Não use elevadores ao sair, pois com o fogo eles se tornam perigosos.

3. O fogo pode ser traiçoeiro e imprevisível. Quando você estiver saindo, sinta todas as portas com a palma de sua mão antes de abri-las. Se a porta ou a maçaneta estiver morna, pode haver fogo do outro lado. Nesse caso, use uma rota alternativa por segurança.

4. Mantenha-se abaixado, o fogo produz muita fumaça o que pode dificultar sua respiração. O ar mais limpo desce para perto do chão, então abaixe-se enquanto anda ou engatinhe. Cubra sua boca e o seu nariz com um pano úmido para ajudá-lo a respirar.

5. Ligue para 193 assim que sair do prédio (veja Habilidade 76). Nunca volte para o local incendiado até que os bombeiros digam que é seguro fazê-lo.

HABILIDADE 84

ESTANCAR UMA HEMORRAGIA NASAL

Siga esses passos simples para lidar com um sangramento no nariz.

1. Ache algum lugar confortável para se sentar.

2. Posicione um balde diante de você e incline-se um pouco para frente de modo que seu nariz fique bem acima do balde.

3. Aperte a parte mais macia do seu nariz (entre a ponta e cartilagem) com o dedão e o indicador. Respire pela boca.

4. Continue apertando o local por, pelo menos, 10 ou 15 minutos ou até que você sinta que o sangramento parou.

Não assoe o seu nariz após isso, pois pode recomeçar o sangramento.

SE LIGA!

Procure um médico se...

★ ... seu sangramento no nariz foi causado por uma queda ou um ferimento.

★ ... seu nariz sangra com muito frequência.

★ ... seu nariz continua a sangrar muito por mais de 30 minutos.

HABILIDADE 85

LIDAR COM CÃIBRAS

Cãibras musculares podem pegá-lo de surpresa e elas realmente doem! Veja como se livrar delas.

1. Pare o que você estiver fazendo – tentar continuar a se mover ou a se exercitar irá piorar a cãibra.

2. Delicadamente massageie o músculo com a ponta dos dedos. Se a cãibra é no pé, devagar, flexione-o para cima, puxando-o em direção ao queixo para esticar os músculos.

3. Aplique gelo no músculo que está doendo. Isso irá melhorar a circulação e irá diminuir a cãibra.

ACABANDO COM AS CÃIBRAS NA PANTURRILHA

★ Cãibras geralmente afetam os músculos da perna, especificamente da panturrilha, e podem, às vezes, acontecer enquanto você dorme.

★ Para prevenir cãibras na panturrilha, alongue os músculos da panturrilha antes de fazer exercícios. Coloque as palmas das mãos retas contra a parede, ponha uma perna para trás e deixe-a reta, de modo que o seu calcanhar esteja apoiado no chão. Dobre o joelho da perna da frente e incline-se em direção à parede, como mostrado. Fique nessa posição por 20 segundos e, então, troque de perna.

HABILIDADE 86

COMO AGIR QUANDO ESTIVER PERDIDO

Um minuto você está com seus amigos, andando por um lugar conhecido, no próximo minuto não há sequer sinal deles e você não sabe onde está. Saiba o que fazer nessa situação.

1. A coisa mais importante a fazer é ficar calmo – não corra para longe, pois você pode ficar ainda mais distante de seus amigos ou de seu destino.

2. Verifique seus bolsos. Você tem um celular ou dinheiro para comprar um cartão de orelhão? Se você tiver, ligue para casa e peça ajuda.

FICA ESPERTO!

Anote o número do celular do seu pai ou da sua mãe e mantenha-os sempre com você.

3. Pense bem. Você tem um local de encontro ou de chegada combinado? Você pode vê-lo ou sabe como chegar até ele em segurança de onde você está?

4. Se você não achar o ponto de encontro do local que estiver, vá para um prédio público, uma loja ou outro ponto de referência. Ache um funcionário uniformizado ou um policial, diga a ele o que aconteceu e peça ajuda.

SE LIGA!

Nunca entre no carro de um estranho ou saia de lugares públicos com alguém que você não conhece, mesmo que digam que vão levá-lo para casa ou que seus pais o mandaram lá para falar com você.

TAMBÉM DISPONÍVEL...

Tudo o que você precisa saber em apenas um livro! Você sabe pilotar um helicóptero? Construir uma jangada? Ler a mente dos seus amigos? Falar com as mãos? E dar um belo susto? Aprenda como se sair bem em qualquer situação, dar nós incríveis, jogos e truques de mágica que farão de você o menino mais popular da turma!

Este livro foi composto
em Badger para a Leya em
janeiro de 2011.